万文化名片丛书

德海

本卷主编 章树山

迵濠河文化

南京大学出版社

图书在版编目(CIP)数据

南通濠河文化 / 章树山主编. —南京:南京大学
出版社,2015.12

(江苏地方文化名片丛书 / 刘德海主编)

ISBN 978 - 7 - 305 - 15914 - 5

Ⅰ.①南… Ⅱ.①章… Ⅲ.①文化史-南通市 Ⅳ.
①K295.33

中国版本图书馆 CIP 数据核字(2015)第 227278 号

出版发行	南京大学出版社
社　　址	南京市汉口路 22 号　　　　邮　编 210093
出 版 人	金鑫荣

丛 书 名	江苏地方文化名片丛书
丛书主编	刘德海
书　　名	**南通濠河文化**
主　　编	章树山
责任编辑	荣卫红　　　　　　编辑热线　025 - 83593963

照　　排	南京紫藤制版印务中心
印　　刷	常州市武进第三印刷有限公司
开　　本	787×960　1/16　印张 12.5　字数 186 千
版　　次	2015 年 12 月第 1 版　2015 年 12 月第 1 次印刷
ISBN	978 - 7 - 305 - 15914 - 5
定　　价	28.00 元

网址:http://www.njupco.com
官方微博:http://weibo.com/njupco
官方微信号:njupress
销售咨询热线:(025)83594756

《江苏地方文化名片丛书》
南通濠河文化

主　　编　章树山

副 主 编　徐爱民　李　军　赵明远

编写人员　赵明远　徐　宁　张炽康

城在水中坐

骆宾王墓

天宁寺光孝塔

文峰塔

谯楼、钟楼

通崇海泰总商会大楼

濠河全貌鸟瞰

南通纺织博物馆

总　序

赓续江苏人文精神之脉

王燕文

　　文化自觉支撑国家民族的兴盛,文化自信激发社会进步的活力。习近平总书记深刻指出,中华优秀传统文化是中华民族的精神命脉,是涵养社会主义核心价值观的重要源泉,也是我们在世界文化激荡中站稳脚跟的坚实根基。高度重视文化建设,大力弘扬优秀传统文化,是历史和时代赋予的责任担当。

　　一方水土养育一方人。江苏地处中国东部美丽富饶的长江三角洲,山水秀美,人杰地灵,文教昌明,有着六千多年有文字记载的文明史。在漫长的历史演进中,这片文化沃土不仅产生了众多的闪耀星空的名家巨匠和流芳千古的鸿篇巨制,而且孕育了江苏南北结合、兼容并蓄、博采众长、和谐共融的多元文化生态,形成了吴文化、金陵文化、维扬文化、楚汉文化和苏东海洋文化五大特色区域文化。绅绎这一颗颗文化明珠,光彩夺目,各具特质:以苏、锡、常为中心区域的吴文化,聪颖灵慧,细腻柔和,饱蘸着创新意识;以南京为中心区域的金陵文化,南北贯通,包容开放,充盈着进取意识;以扬州为中心区域的维扬文化,清新优雅,睿智俊秀,体现着精致之美;以徐州为中心区域的楚汉文化,气势恢宏,尚武崇文,彰显着阳刚之美;以南通、盐城、连云港为中心区域的苏东海洋文化,胸襟宽广,豪迈勇毅,富有开拓精神。可以说,不同地域文化在江苏大地交融交汇,相互激荡,共筑起江苏厚德向善、勇于进取、敏于创新的人文精神底蕴。

　　多元文化,共生一地;千年文脉,系于一心。地方文化是区域发展的文化

"身份证"，更是整个中华民族的文化基因，展现了我们优秀传统文化生生不息的创造力。在构筑思想文化建设高地和道德风尚建设高地的新征程上，我们要以科学的态度对待传统文化，坚持古为今用、推陈出新，有鉴别地加以对待，有扬弃地予以继承，进行创造性转化、创新性发展，将其中积极的、进步的、精华的元素予以诠释、转化和改铸，赋予其新的时代内涵。只有以文化人、以文励志，力塑人文精神，标高价值追求，提升文明素养，才能涵育出地域发展令人称羡和向往的独特气质。只有以敬畏历史、服膺文化之心，精心保护地方文化遗产，充分挖掘地方文化资源，切实加强地方文化研究，才能传承赓续好人文精神之脉，增强人们对家国本土的文化认同、文化皈依，与时俱进地释放出应有的价值引导力、文化凝聚力和精神推动力。

令人欣慰的是，省社科联和各市社科联以强烈的责任感使命感，组织省内有关专家学者协同编撰了13卷《江苏地方文化名片》丛书。丛书按13个省辖市的行政区划，一地一卷，提纲挈领，博观约取，独出机杼，既总体上为每个市打造一张具有典型性、代表性的文化名片，又个性化呈示各市文化最具特色的亮点；既综合运用历史学、社会学、经济学和文化学等多学科视角，对富有地方特色的文化资源进行了系统梳理、深度挖掘和科学凝练，又以古鉴今，古为今用，面向未来，做到历史与现实、理论与实践的交集，融学术性与普及性为一体，深入浅出，兼具思想性与可读性。丛书的推出，有裨于读者陶冶心灵，体味地方文化历久弥新的价值，也将对江苏传统文化的传承与研究起到积极示范作用。

不忘本来，开辟未来。植根文化厚土，汲取文化滋养，提升人文精神，促进人的全面发展和人的现代化，这是江苏文化建设迈上新台阶、实现"三强两高"目标的责任所在。我们要进一步加大力度推动江苏优秀传统文化、地方文化在保护中传承，在传承中转化，在转化中创新，让丰沛的江苏历史文化资源留下来、活起来、响起来，着力打造更多走向全国乃至国际的江苏文化名片，为"强富美高"新江苏建设提供生动的文化诠释和有力的文化支撑！

（作者为中共江苏省委常委、宣传部部长）

目录

序 ……………………………………………………………………… 001

前 言 ……………………………………………………………………… 001

第一章 河之源：天人合一 …………………………………………… 001
第一节 大海长江孕育沃土 ……………………………………… 001
第二节 天造人工而成濠河 ……………………………………… 011
第三节 濠河文化寻踪溯源 ……………………………………… 022

第二章 河之韵：城水相拥 …………………………………………… 032
第一节 濒江控海始筑城 ………………………………………… 032
第二节 江委海端水中城 ………………………………………… 038
第三节 闻名遐迩模范城 ………………………………………… 053

第三章 河之秀：东南胜会 …………………………………………… 071
第一节 十里画廊秀甲江东 ……………………………………… 071
第二节 历史遗存传承千载 ……………………………………… 086
第三节 精湛技艺诗画风情 ……………………………………… 094

第四章 河之魂：钟灵毓秀 …………………………………………… 105
第一节 崇文重教"利市州" ……………………………………… 105
第二节 秀水氤氲蕴文峰 ………………………………………… 111

第三节　城南空气文明远 ·············· 123

第四节　南派北派会通处 ·············· 133

第五节　"天光常照浪之花" ·············· 146

第五章　河之梦：风物岁新 ·············· 156

第一节　生态濠河谱写新章 ·············· 157

第二节　名胜濠河明珠璀璨 ·············· 163

第三节　文明濠河厚德载物 ·············· 171

第四节　濠河文化走向未来 ·············· 177

参考文献 ·············· 182

后　记 ·············· 186

序

丁大卫

　　大江东流,逶迤万里,奔腾入海。长江入海口的北岸有一片神奇土地,这里有江川之美,这里有人文之秀。这里就是堪称中国近代第一城的南通。

　　一方水土养育一方人,一方人创造一方文化。

　　南通,滨江临海。五千多年来,江海儿女追江赶海、启拓东疆,用勤劳和智慧谱写了长江入海口独特的区域文化——江海文化。历经数千年沧桑变迁,江海文化积淀了深厚而丰富的文化底蕴,形成了青墩文化、濠河文化、盐垦文化、沙地文化、张謇文化、红色文化、长寿文化、盆景文化等特色品牌。

　　"上善若水,水善利万物而不争。"

　　水是城市诞生的摇篮。依水而建的南通更是与水有着密不可分的关系。江海文化在这片三角洲平原的中心地带——濠河之滨,汇取交融、积淀弘扬。从 958 年古通州城建城起,悠悠长江水成为古城河濠河的不竭之源,千百年来,濠河静静地环抱着古城。南通城的历史和文化紧紧围绕濠河、长江、大海铺展开来。从光孝塔、天宁寺到文峰塔,从文庙、谯楼到钟楼,从濠南别业、城南别业到女红传习所,从南通博物苑、珠算博物馆到环西文化广场,从濠河到长江到大海,从"莫问谁"、"江海志愿者"、"南通精神"到"江海文化"、"陆海统筹大讨论"……人们漫步在濠河之畔、长江之边、大海之岸,可以看到千百年来南通城起落兴盛的历史,生动地感受到南通这座历史文化名城的沧桑巨变,感受到我们伟大祖国的命运变迁和生机活力。

　　近年来,南通以"生态濠河、生活濠河、文化濠河、旅游濠河"为目标,投入巨资成功开展了河道水质治理、生态环境建设、亲水园林景观建设,环濠河博物馆群成为国家级公共文化示范项目。濠河以其深厚的文化底蕴、丰富的人文资源成为南通这座城市的一张靓丽名片。濠河文化是江海文化中不可缺失的重要组成部分。

将《南通濠河文化》作为首张地方文化名片列入《江苏地方文化名片丛书》(以下简称《丛书》)选题,编辑出版《南通濠河文化》,这是第一次从社科研究与普及的角度,将江海文化中"濠河"这一标志性资源符号进行系统诠释与解读。全书阐述了濠河文化的起源、地域特征、演化脉络、成果影响,解读了濠河文化作为南通江海文化的品质内涵、人文特征,对濠河文化、对当地经济社会发展的历史意义和当代价值进行了深入分析,所以,这是一本具有一定学术价值的社科读物。

文化是民族的血脉,是人民的精神家园。我希望广大社科工作者抓住历史机遇,进一步深化南通地方文化的研究、传承和弘扬,为推动南通文化建设迈上新台阶作出新贡献。

是为序。

2015 年 8 月 20 日

(作者为南通市委书记)

前言

　　世界上几乎所有的历史名城都和水域紧相毗邻。水域作为重要的资源和环境载体，维护着城市的生存，影响着城市的风貌，也培育着城市的灵气。南通的濠河也是这样一条水域。从 10 世纪起，它一直拥抱着南通地区政治、经济、文化的中心地带。今天，濠河更是生态宜居、人文荟萃、景观亮丽、活力四射的文化名片。

　　"濠河文化"是南通文化区位的核心，是凝结千年的文化精华，是城市的灵魂和标识。"濠河文化"承载着南通"天人合一"的建城智慧、"上善若水"的地域性格、"智者乐水"的文化创造和"崇川福地"美好追求。

一

　　南通地处"江淮之委海之端"，是长江口漫长地理发育的成果。这里气候温润，地平壤沃，河网密集，湖泊棋布，生态资源丰富。远在南北朝时，这里还是长江口的沙洲，史称"胡逗洲"，至唐末方同大陆相连。这里的居民是来自天南地北的"流人"，他们在极其艰苦的条件下开垦、制盐。唐代中晚期，这里设有"盐亭场"、"狼山镇遏使"，经济社会有了初步发展。唐末天下大乱，长江口南北两个割据政权隔江对峙了数十年，南通"濒海控江"的地理位置在军事上的重要性凸显出来，同时，出于控制沿海盐产资源的需要，这里开始"修城池官廨"。958 年，后周军队占领此处，设"通州"，筑州城，濠河正式形成。

南通先民的选址建城,构筑颇见匠心,它讲求山川形胜,关照风水气象。他们利用沙洲发育过程中形成的水泊河网,加工成濠河环抱城市,城内有水泽池塘,市河蜿蜒,呈现城水相拥的水城景象。州城面向长江,以署衙前为中心,呈"方型丁字街"的典型格局。这座城池展现了南通先民"天人合一"的建城智慧。10世纪奠定的南通城池格局延续了一千年。

濠河基本的功能是与城墙共同构成的城防系统,濠河"特深广,望之汪洋,足称巨观"①,对护卫城市有很大作用。但是南通地处偏僻,"南阻江,东北濒海,士大夫罕至",远离政治中心,经济尚不发达。宋初以后,通州战略地位并不为兵家看重。一千多年来,南通城除了经历过两宋末、元末的战事和倭寇的袭扰外,长时期处于和平安定状态。宋代这里即有"淮南道院"之称,明清更有"崇川福地"之誉。

濠河不仅是护城河,更为城市生活提供了适宜的条件。人们初赖鱼盐以为业,更由耕织楫运而饶足。濠河发达的水系为城郊农业生产发展提供了优越的条件,南宋时州治所在静海县已成"望县"。明代以后南通逐步成为重要的棉花产区,城郊土布业也发展起来,城市商业渐趋繁荣。濠河城外"北接淮水,西汇江潮,东达诸场",城内"市河"折流贯穿,水运发达,"城中民擢楫运刍粮,转输百货,东西南北往来不绝如织"。② 城市内外发达的河道为居民提供了用水、船行、货运、排污的便利,为市井生活提供了良好环境,发挥了生态调节的功能,有州城的"人身脉络"之称。

二

一千年多前,南通的远古先民背井离乡、飘零汇聚于此新陆,他们面对的是江潮海飓、蛮荒僻壤,他们辟斥卤而为膏壤,变沧海而为桑田。江海阻隔的地理条件,来自各方不同文化背景的移民,军屯开发、官盐劳役的集体生产方

---

① 光绪《通州直隶州志》卷三"建置"。
② 光绪《通州直隶州志》卷三"建置"。

式,各种因素在此狭小区域内汇聚交集、充分糅合,共同构成了"濠河文化"的基因,形成了"濠河文化"独特的风貌。

南通成陆初期恶劣和危险的环境塑造了濠河居民勤苦耐劳、坚韧忧患的品性,也延续下敬畏自然造化、崇拜祖先神灵的心理。宗教信仰与神灵崇拜在通州一直都很兴盛。建城之初,城内已有天宁寺,宋代太平兴国教寺、兴化教寺、城隍庙等陆续兴建,保留至今。至明清,各类庙观祠庵达八九百座,而以"童子会"为代表等各类祀祖祭神、巫傩戏会更是遍布乡野。

"上善若水,水善利万物而不争",濠河文化有着崇尚人与人和谐、人与自然共生的鲜明特质。濠河先民自古即以良善淳朴、与世无争、安贫轻利的社会风尚著称于世。北宋通州:"讼庭多虚,囹圄空隙,殆有古之淳风。"①明代:"通州风土庞厚,民俗醇雅,甲诸维扬。"城内市民长期安逸生活,养成了他们"性柔脆,不任劳苦"的性情,人们的从商意识很淡漠,"商不列肆,不赶集,不以妇女主店,不久客在外,仅于本土贸迁有无"②。以致本地外输的棉、布多由外地客商集散。

但是,无论南通先民如何迷神信教、良善无争,对"儒学"的倡导和追求仍是他们精神文化主流。宋代通州始建州学,修文庙,设书院。在科举方面,宋时通州已有"利市州"的赞誉。近代以来,更是著名的"教育之乡"。濠河之畔家弦诵而户诗书,南通人崇文重教有着悠久的历史传统。

钟灵毓秀,美丽的濠河滋养和激发了南通人文化灵感,濠河成为地方人文气聚集、文人荟萃、文脉延续的胜泽佳境。"濠河文化"是南通地域文化的核心。

"仁者乐山,智者乐水。"自明代以来,南通诗书传家、文风日盛,世家大族中有"司寇一门俱善诗"的陈氏家族、"十世衣冠数卷诗"的李氏家族、诗文延绵十三世的范氏家族等。乡贤墨客雅集结社,借助濠河景观建起珠媚园、退园、石圃、借水园等林苑别馆,"山茨社"、"五山画社"等社团笔墨交游于其间。

---

① 王象之:《舆地纪胜》,卷四十一"通州"。
② 万历《通州志》,卷二。

濠河迎来了冒襄、李渔、李鱓、黄慎、郑板桥、袁枚等名人的游迹,历代文人留下翰墨丹青无数。濠河之滨具有深厚造诣的文化名人层出不穷。明代名医陈实功所著《外科正宗》以"列症最详、论治最精"见称,顾养谦、范凤翼、包壮行等的书画名声已起,祖孙三代"白氏琵琶"、柳敬亭评书艺惊通州城。清代南通书画更为兴盛,张经、李堂、李山等结"五山画社"于濠滨,"通州三钱"的山水画、"陶朱李白"书法著称一方,李方膺、丁有煜的诗书画影响深远,晚清范当世作为"同光体"诗派主要代表载入文学史册。历代文化名家为濠河不断增添底蕴和色彩。

三

自古以来,南通地域文化呈现出一种独特的空间构成形态,长期并存着几个相对独立的文化圈,北部和南部被认为是维扬文化、吴文化的支脉,中心地带的"濠河文化"对它们影响力有限。19世纪以降,随着漕运、盐运的衰落,特别是太平天国战火的破坏,维扬文化、吴文化中心地区的经济社会趋于萧条,而处于中西文化碰撞前沿的海派文化异军突起。此时的南通在周边强势文化消长的夹缝中,抓住机遇,实现了"濠河文化"的整合和提升。

"濠河文化"的提升是经济发展的成果。19世纪末,南通以张謇为代表的先贤开展了实业救国、教育救国的实践。从1895年创办大生纱厂开始,他们大力引进先进的生产方式和科学文化,实施"地方自治"。以大生纺织公司为代表的现代工业文明与传统的土布业、植棉业紧密结合,产生了巨大的"联进效应",南通地方经济由此崛起。随着大生企业集团的经济实体在苏北的延伸,"通崇海泰总商会"、"通海五属学务公所"等跨区域团体组织影响的扩大,南通城拥有了区域中心的地位,"宛然有为江北一带之首都之现象"[①]。

"濠河文化"的提升是近代城市建设的成果。1902年起,张謇等在南濠河

---

① 驹井德三:《日本驹井德三的张謇关系事业调查报告书》,政协南通市委员会文史资料委员会,1963年。

畔集中兴办数十家文化教育、体育卫生、市政水利、金融贸易、公益慈善机构设施,近代意义上的城市经济、文化功能日益完备。南濠河沿岸被规划为新的城市中心,拆除城墙、开辟马路、疏浚河道、新建桥梁、规建公园,城市风貌更为疏朗开阔,濠河的景观价值大为提升。"濠南苑囿郁璘彬,风物骈骈与岁新。"①濠河之滨渐次矗立起城南别业、濠南别业、重楼、俱乐部、总商会大厦、淮海实业银行等高大的西式建筑,这些建筑不仅改变着城市空间格局和风貌,更让南通人强烈感受到一个全新时代的来临。

"濠河文化"的提升是中西文明交会的成果。近代南通以"包容会通"的全新理念主动吸收西方文化,积极传播科学知识。"南派北派会通处",濠河文化的开放和包容,吸引了王国维、陈衡恪、江谦、沈寿、雷炳林、朱东润等大批名流学者以及特来克、金沧江、木村等数十名外国专家前来任职任教。梅兰芳和欧阳予倩在更俗剧场同台演出,沈寿"仿真绣"获世界博览会大奖,徐立孙、邵大苏带回了"梅庵"古琴,陈衡恪、李苦李带来了"海派"书画艺术。"苏社"、"中国科学社"等团体以及杜威、梁启超、陶行知等中外名流纷至沓来,在濠河边留下无数赞美之语。

"濠河文化"的提升是文化自觉与追求的成果。近代南通普及基础教育,发展现代文化事业,通州师范、女子师范、南通中学,以及纺、农、医、商科专门学校为南通培养着新型知识分子和专业人才;翰墨林印书局、博物苑、图书馆、更俗剧场、女红传习所、伶工学社传播着科学与文化;濠河之滨举行的赛会、展览、戏剧、出版等新型文化活动潜移默化地提升着市民精神品位。新民主主义革命时期,濠河边还涌现出如新民剧社、小小剧社、青年剧艺社等有影响的进步文艺社团,以及顾民元、史白、徐惊百、江村等一批有才华的文艺家。一百多年来,徐益修、孙支夏、王个簃、尤其伟、魏建功、袁翰青、赵丹、王铃、赵无极、杨乐等大家从濠河边走向了全国,走向了世界。

近代南通以濠河为中心形成了强大的文化向心力,使南通不同地带的民众有了前所未有的文化归属和认同。近代南通所崇尚践行的艰苦自立、发奋

---

① 张謇《营博物苑》,《张謇全集》(第五卷),江苏古籍出版社 1994 年版,第 154 页。

图强、尚学求新、包容自信、诚信奉献等精神理念为"濠河文化"注入了全新因素,是"濠河文化"的全面革新和提升。

四

斗转星移,逝者如斯,濠河已静静地流淌了千年,它是全国范围内为数不多保存完整的护城河之一。如今,濠河历史上所拥有的城防、供水、排污、航运等功能已逐步退去,旅游、景观价值与生态、文化功能则不断放大。它成为南通城市集体记忆的载体,是市民精神维系者和传统文脉的继承者。它时时唤起着市民的乡土归属和文化认同,满足着他们亲近自然与回归自然的心理。同时,濠河是中外来宾认识南通、感受南通的理想空间,是南通最为鲜明的城市特色和标志。

随着时代的发展,南通城市规模已与往日不可同日而语,但老城中心的濠河区域仍是南通现代城市空间的不可替代组成部分,与新城区共生共荣。在高速的城市化进程中,它仍然保持着健康的肌体和靓丽的青春,并一如既往地激扬着这个城市的智慧、灵感与创新的活力。它不仅在婉婉地讲述着过去的故事,还在演绎着全新的内容。如今,它的周边建起了数十个博物馆,它每年要迎接数十万中外嘉宾的来访;它的身旁活跃着数万名"莫文隋"、"江海志愿者",演绎着精神文明"南通现象";通过多年的治理,濠河荣获"中国人居环境范例奖",2012年更荣获国家5A级风景旅游区。南通陆续荣获了国家历史文化名城、全国文明城市、国家环保模范城市、国家园林城市、中国优秀旅游城市的殊荣。濠河凭借其区位优势、宜人环境和文化空间,持续保持其无可替代的中心地位。

今天,南通正把自己建设成为长三角北翼现代化中心城市而努力着,在我国大部分城市都以"千城一面"的姿态呈现在世人面前的时候,南通精心打造以"濠河文化"为代表的城市特色,继续对这座城市的可持续发展产生深远的影响。"濠河文化"是南通的魅力所在,是当之无愧的城市文化名片。

第一章 河之源：天人合一

在万里长江与滔滔大海孕育的长江三角洲江口北侧的平原上，濠河静静地流淌在这里。这里是江苏省南通市，它南临长江，东濒黄海，三面环水，略呈半岛状凸入江海之中，为江海交汇之处。濠河，一名城河，是南通古城的护城河，它周长约8000米，面积约0.69平方千米，水面最宽处约250米，最窄处仅10米，是国内保留最为完整的古护城河之一。

这片平原是在漫长的年代里由江口沙洲渐次并接形成，独特的地理环境为濠河文化的形成和发展提供了特定历史平台。古往今来，各地移民先后汇聚在这片土地上，不同的文化相互交融，形成了南通濠河独特的区域文化，源远而流长。

第一节 大海长江孕育沃土

长江，从青藏高原唐古拉山脉发源，流经四川盆地、江汉平原，进入江海交汇地段，这里水势平缓，长江挟带的大量泥沙不断淤积，江海之交出现了许多沙洲。在经历了四次沙洲连陆大并接后，最终形成江海平原。

南通成陆史中的第一次沙洲连陆大并接是扶海洲与扬泰大陆的并接。在扶海洲成长的同时,其南方水域也在形成沙洲,魏晋时期形成胡逗洲。南北朝时,胡逗洲已经得到初步开发。唐末,胡逗洲与海陵(今泰州)东部连陆,这是第二次沙洲连陆大并接,五代后周的通州就设在这里。从唐末到五代,胡逗洲以东海域片片沙洲逐渐出水,形成了以东布洲为主体的江口沙洲群,到北宋初已与大陆连成一片,这是第三次沙洲连陆大并接。元末以来,通州东部陆地遭到海浸,大片陆土坍塌。清初,通州以东江域有沙洲出现,到清末逐渐与陆地连成一体,南通成陆史中第四次沙洲连陆后,江海平原基本形成。

图 1-1　城在水中坐

一、沧海桑田

濠河位于南通市区,它是在原胡逗洲上诸多水道、水泊的基础上由人工开挖沟通而形成的。胡逗洲位于长江下游江口段北侧,其成陆前后,周边有许多沙洲涨出成陆。它的北边主要有扶海洲,东边主要有东布洲和通崇沙洲群。

扶海洲。在扬泰古陆的东方有一片称为扶海洲的沙洲,它的位置在今江苏省如东县一带范围内。西晋张华编撰的《博物志》在"异草木"中记"蒒草"

时，留下了扶海洲的名称："扶海洲上有草焉，名蒒。其实食之如大麦，七月稔熟，名曰自然谷，或曰禹余粮。蒒音师。"对扶海洲的地理位置最早做出判定的是明末清初学者顾祖禹，他在《读史方舆纪要》中认定，泰州以东百里，"其东有长洲泽，又东有扶海洲，今湮"[①]。顾祖禹写其著作时，扶海洲早已与大陆连为一体，说扶海洲"今湮"，就是指这种状况。

　　9世纪中期，日本僧人圆仁所作的《入唐求法巡礼行记》[②]中留下了扶海洲连接大陆以后唐代海陵县东部的信息。当年，圆仁随遣唐使团赴唐学习，海船在南黄海遇险，使团成员在掘港庭（亭）以东的海边获救登陆，他记下了进入大唐的所见所闻。位于长江入海口的掘港以东，散布着淮南镇、延海村、东梁丰村等几个小村集镇。据圆仁记载，这里的河沟长满芦苇，海边盐灶遍地，煎盐炉火彻夜通明。这里有驻军守卫边防，有盐官管理盐业生产。如皋是海陵县东部的一个大镇，是海盐集散中心。镇内运盐河北岸杨柳相连，商店依次排列，富家住宅鳞次栉比。在通往海陵的河道上，运盐官船首尾相接，船队最长可达十数里。

　　胡逗洲。濠河形成以前是胡逗洲上分散的水泊、河沟。古代的胡逗洲在海陵县的东南方，也称为壶豆洲、胡豆洲。这个沙洲大致在5世纪时形成，到6世纪南朝梁时，已经是位于长江口北侧的一块较大的沙洲。胡逗洲最早见于《梁书》，其中记载"侯景之乱"时提及此洲。太清二年（548年），侯景起兵叛梁。承圣元年（552年），侯景被陈霸先、王僧辩军击败，向东逃窜。王僧辩派军追击侯景。军至晋陵（今常州）、吴郡（今苏州）、嘉兴一带，侯景部众多数向梁军投降。侯景与心腹侍卫数十人逃到江边，乘船从沪渎（今上海西）入海。船行致海上，侯景的部将羊鹍欲叛逃，把船驶向京口（今镇江）。船至胡逗洲，侯景发现了行船方向不对，上岸询问。洲上的人告诉他，从胡逗洲向西可到广陵，有他以前的部下郭元建驻扎在那里。侯景欲去广陵投奔郭元建，被羊鹍刺死。

---

① 顾祖禹：《读史方舆纪要》，卷二十三"泰州"。
② 圆仁是日本天台宗创始人最澄的徒弟，838年，随遣唐使藤原常嗣等西渡黄海入唐。

从《梁书》与《南史》的记述看,梁时的胡逗洲不是荒无人烟的沙洲,洲上居民和外界音信相通。胡逗洲位于沪渎的长江上游方向,处于京口、广陵与沪渎之间,现存古代地理书,如《太平寰宇记》和《读史方舆纪要》等,均把胡逗洲记在泰州东南238里的海中,可以认定胡逗洲在今南通市区及其附近。

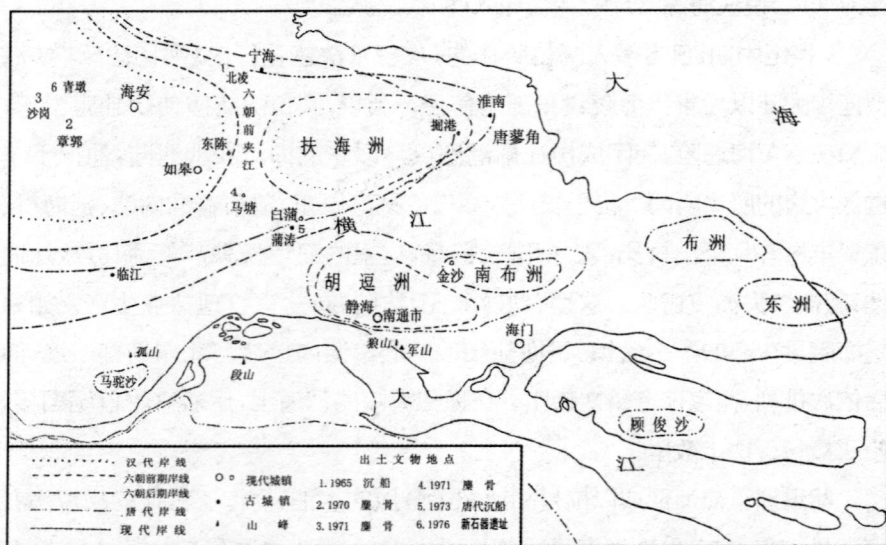

图1-2 唐以前江口沙洲分布及成陆示意图

唐代的胡逗洲东西有40千米长,南北约17.5千米宽。① 洲上有来自各地的"流人",多数以煮盐为生计。沙洲阶段的胡逗洲境域,大体相当于现在的南通市崇川、港闸两区及通州区西部一带。沙洲四边环水,洲上水泊、河道交织,封闭的环境与农渔盐生产的自给,使沙洲境内民风淳朴。五代后周显德五年(958年)建立的通州就在这片土地上。

胡逗洲北边有一条宽阔的长江北泓道,称横江。洲的东北方有称为南布洲和东社、长沙的小沙洲,后来这些沙洲都与胡逗洲涨连了起来。10世纪初胡逗洲与如皋陆地连接,洲北的横江逐渐淤塞、封闭。现在如东县与通州区的界河遥望港,就是它东端入海口的遗存河道;现在通州区石港镇风景名胜

① 乐史:《太平寰宇记》,卷一百三十"泰州"。

之一的"渔湾"，是它西端的遗迹。

海门岛。唐初，长江口出现了东沙、西沙等沙洲，西沙又叫顾俊沙。此后，在它们的北方又出现了东洲、布洲等沙洲，这些沙洲位于距胡逗洲约100千米的东方海域。东洲与布洲后来涨连，称东布洲，这些位于江口海域的沙洲群岛在宋代初年统称海门岛。

五代初，东洲与布洲是长江口的两个较大的沙洲，它们雄踞江口，犹如出入江海的门户，控制着海上交通，成为兵家必争之地。据载，当时东洲为吴国占据，后梁贞明四年（918年），吴越大举伐吴，发战船500艘进攻东洲，大败吴军，缴获战船400余只。布洲的开发晚于东洲。吴大和年间（929—934年），有个蒋姓司徒到布洲传授煮盐的技术，从此以后布洲逐渐繁荣起来。东洲和布洲是渔盐业生产基地，五代吴国的重要经济中心。两沙洲约在10世纪中期并接，并洲后的大沙岛称东布洲。后周显德五年（958年），周将慕容延钊率军进攻淮南，不久，占领东布洲。为进一步实行对长江口的控制，后周在江口沙洲上设置海门县，归通州管辖。

通崇沙洲群。14世纪，世界气候发生变化，江海水面上升。元末以后，通州东部受到长江、大海的侵蚀而造成州境东部陆地的大坍塌，海门县人民纷纷由东向西迁移。清初，通州东部江中陆续涨出许多沙洲，比较大的沙洲有扁担沙、大年沙、万盛沙、三角沙、汤家沙等。雍正乾隆年间又有许多沙洲涨出，各沙出水的时间不一，且沙与沙之间存有水道，如西天补沙与通州川港、姜灶港之间，西天补沙与裙带沙之间，裙带沙与复兴沙之间，东天补沙、通兴沙与富民沙之间，等等，都有较阔的水道存在。裙带沙与复兴沙之间，后来有东西走向的玉带沙涨出，这里原来就是条形的水域。

新沙出水，通州与崇明两地的农民纷纷登陆，进行围垦，争沙纠纷四起，江苏巡抚报请清廷设立海门厅。乾隆三十三年（1768年），通崇两地划出40块沙洲设厅。海门厅设立以后，南部江岸则因江流摆动仍然涨坍不定，一些较宽阔的水道成为通行大海的夹江，塘芦港、蒿枝港就是这些夹江的最后水道。

当海门各沙逐渐涨出的时候，东南海口附近也涨出了一些沙洲。这些沙洲接近崇明县,多由崇明人移民开垦,归崇明县管辖,一般称为"崇明外沙"。海门厅诸沙洲及崇明外沙间有较宽的水道相隔。光绪年间海门诸沙洲和通州陆地连成一体。19世纪末到20世纪初,崇明外沙中的惠安沙、连升沙、杨家沙等沙洲逐渐同大陆相连,南通的境域大体形成。

长江与大海孕育了片片沙洲,南通濠河文化发源于胡逗洲上,南通大地形成过程中的每一次沙洲并接,就为濠河文化增添一次新的元素。江海之交的沙洲并接,是濠河文化多元融合的历史自然地理因素。

二、移民汇聚

南通地区气候温和,四季分明,日照充分,无霜期较长,植被及生态类型丰富,为北亚热带湿润季风气候区,海洋性气候显著。这里地势平坦,仅市区南郊江滨狼山、军山、剑山、马鞍山和黄泥山等五座山为小浅丘群,平原地区地面高程约5~6.5米。这里水网密布,河道纵横,自古以来即以其良好的自然环境吸引了四方移民。

在胡逗洲与大陆涨连之前,沙洲上密布水网,大小湖泊星罗棋布。宽广的河道与水泊中,不规则地散布着长满芦苇、菖蒲的水汊;由河道和水域围就的"陆岛"上,河成湖、牛轭湖、潟湖里或成片或零星漂浮着午时莲、荷花、四角菱;河湖水泊清澈见底,鱼儿时而跃出水面捕食过往的飞虫,时而潜入浅底躲避天空中的天敌。濠河,它宽阔的水域,碧波荡漾,鸥鸟低掠;蔚蓝的天空,鹰雕翱翔。绿岸垂柳,小鸟穿梭欢叫,追逐着树丛中的伴侣。长满芦苇的河湾里,野鸭悠闲地游弋。大自然的美景,浑然天成。

两晋时期,北方人民第一次大规模南迁,美丽的胡逗洲迎来了众多移民。到了唐代,洲上的居民更多,历史文献中所谓胡逗洲"上多流人"从一个侧面描绘了胡逗洲社会经济的发展。有学者对"流人"做了如下解释:被流放来的人,落难后流落到此地的人。这些流人中不乏落难的士子,洲上居民的构成也不断变化、更新。传说"初唐四杰"之一的骆宾王也流落到胡逗洲。

唐光宅元年(684年)九月,徐敬业于扬州起兵讨伐武则天。骆宾王作为徐敬业的僚属，被任命为艺文令，掌管文书机要。他起草了著名的《代李敬业传檄天下文》，言词慷慨激昂，气吞山河。十一月，徐敬业兵败被杀。对于骆宾王的下落，众说纷纭。有说他与徐敬业同时遇难的，有说是投江而亡的，也有说他流落天涯不知所终的，还有说他逃到胡逗洲，后来在白水荡（今启东吕四一带）隐居的。据明清通州地方志记载，明正德九年（1514年）有一曹姓佃农在州城东北黄泥口挖靛池，发现了一座古墓，墓碑上书"骆宾王之墓"几个字。曹某打开棺木一看，里面躺着一人，穿戴的衣冠像新的一样，不一会儿却变成了灰。曹某大吃一惊，立即把棺木埋好。到了清代乾隆十三年（1748年），刘名芳①认定黄泥口古墓确是唐骆宾王墓，于是报请州官把墓迁往狼山东南麓。地方志的记事以及墓主的真实性已无从考证，但这却反映了人们希望骆宾王有一个完美的归宿，并以此寄托怀念之情。

图 1-3 骆宾王墓

---

① 刘名芳，字南庐，号可翁，福建人，擅长诗文。乾隆三年来游通州，先后寓居七年，著有《南通州五山全志》。

胡逗洲在长江口的特殊地理位置为唐末割据长江流域的军阀所注目。通州建立在原胡逗洲上，后来南宋人写作的地理总志《舆地纪胜》称赞通州优越的地理位置："通之为郡，濒海控江，南通闽粤，北通齐鲁"，且"南濒吴会，列壤相望，旁通吴越，迫于外邦。风帆海道，瞬息千里"。①现存通州地方志中较早的明嘉靖《通州志》也认为通州地理形势险要，称"维扬为圻辅重地，而通实扬之望郡，濒海控江，形势四达"②。这样的地理位置使之为历代兵家所关注。唐末江南吴郡的军阀就派遣军队占据了胡逗洲及其以东各沙洲。抢先占领这里的军阀是姚氏集团的姚存、姚制，他们率领部众，从江南来到胡逗洲、东洲建营立寨，他们的家族以及许多士兵家属也跟随着渡江，来到这片待开发的土地上。

自五代至清初的七百多年间，通州经历了金兵攻掠、蒙古族占领、满人统治，期间，随着新的异族统治者迁来的各族民众到通州定居，而为躲避战乱南下、东迁的各地移民更无法计算。其中也有不少官僚地主、富户豪绅、经商客户。

明洪武元年（1368年），元人元善接受招抚，以保姓定居通州，保姓家族是有史可稽的蒙古族后裔。清顺治二年（1645年）起，朝廷陆续派遣满族人与回族人来通州担任地方官，他们的家属、随从也迁来通州。清代的狼山总兵中就有17个满族人，而任职通州知州中的满族人就达到32位。除朝廷派遣及眷属迁居外，还有部分满族人因通商、服兵役、婚嫁等原因在通州定居。大批回民聚落南通，始于清代。乾隆年间，回人王将军奉命来通任职，其后陆续有回族人来通谋业，经商做工，并逐渐在这里居住下来。

胡逗洲优美的自然环境吸引了四方来客：农夫来此结茅而居，烧荒辟田；盐民于海边盘灶挖池，制卤煎盐。昔日的荒岛上人气渐旺，失意的士子、落难的文人、谋生的商人来临，他们中自然不乏匆匆过客，却也有人把这里当作世外桃源，避开世俗的尘埃在这里居住下来，在此安家落户。他们在这里以各自的方式为濠河文化添枝加叶。

---

① 王象之：《舆地纪胜》，卷四十一"通州"。
② 嘉靖《通州志》卷一"地理"。

三、千年濠河

南通原是古代江口的沙洲，当它由沙洲发育成大陆时，形成过许多天然水泊、湖沼。从 20 世纪初的南通地图上，还能看到濠河周边的河道与水泊。聪明的胡逗洲民，以天然的牛轭湖为聚居地。牛轭湖，自然弯曲，三面环水，内含陆地，人们稍加挖掘，就能建造出三面环水、一面通途的家族聚住点。这种居住点不仅能为人们的生活提供方便，且具有防卫功能，这种建立居住点的思路也用在了州城的建设上。

五代濠河之始。五代建城时，人们选择四周有河网的地方，利用天然水泊、河曲弯道，裁弯取直，开通联结，加工成护城河。河在四周，河之内便是城的所在。南通最早建城是在五代十国时期。

唐末的胡逗洲曾为淮南节度使、浙西观察使管辖，设有狼山镇遏使。五代十国先后为南吴与南唐控制，设东洲静海都镇遏使管辖，其时，割据于此地的姚氏集团领导濠河先民进行了第一轮集中开发，据《唐东海徐夫人墓志》和《姚锷墓志》记载，他们"镇东陲江海之奥府，静边鄙……设官吏，烈将校，上佐国家，已安边地，司煮海积盐，磋嵯山岳，专漕运，副上供"，"更移雄镇，开拓狼峰，盐铁之场监殷繁，军庶之营居绵广"。在对南通这块处女地的初步开发中，构筑城池是扼守边镇领地、控制盐产资源所必需的基础条件。

静海城约始建于后梁开平二年（908 年），建城者姚廷珪把城址定在胡逗洲水网地带。后梁贞明五年（919 年）姚彦洪接任静海都镇遏使，他修建了静海都镇的城，这座城就是后来的通州州城。后周显德五年（958 年），周军攻占静海都镇，废除南唐设立的静海制置院，建立静海军，不久又改静海军为通州，下辖静海、海门两县，州治设于静海。这时，通州又兴起大规模的城建工程，借以巩固后周在长江江口段以北的军事防御。

通州城的东北—北—西北、东南、西南分别为三个面积大小不等的牛轭湖，从北到南，似一个倒置的葫芦。由于北边的水面宽阔，利于防守，州城就建在了北部。人们对城四周的湖泊进行了整治，变成了护城河，这就是濠河。

通州城建于濠河内，濠河围于城的四周，造就了水包城的美景。

渐成鱼米之乡。《唐东海徐夫人墓志》提到姚氏家族在南通"安民庶，务耕桑"，可见在五代十国期间，濠河周边的农家不仅掌握了从江南传来的较为成熟的农耕技术，而且学会了吴郡的种桑养蚕方法，蚕桑已经在濠河周边安家落户了。

通州建州之初，从静海城到通州州城的兴建，社会经济逐步开发、发展，濠河周边人口逐渐增多。随着海水东退，通州的盐场迁往海边，州城近郊的盐场都成为农田。但通州的人民并不富庶。《舆地纪胜》通州卷在"风俗形胜"中写到，通州虽有"鱼盐之利"，但"其地舄卤而瘠，无丝粟之饶，其民苦窳而贫"。但到南宋，静海县已成"望县"，有"鱼稻饶足"之誉。

通州州城初建，城四周散布着一块块农田，农家园基、圩塘周围种上了桑树、果木。桃、李、杏、柿或立于庭院之前，或散布于园基四围，枇杷、樱桃点缀于其间。粳糯豆麦各按时节种植，各类瓜菜均依寒暑应市。渔夫们依旧泛舟于河湖，或布下渔网，或驱赶鱼鹰，捕捉濠河水域中的水族子民。通州江海历来盛产各种咸水、淡水鱼，鳓鱼、黄鱼、春鱼、带鱼为应时海鲜，而鲥鱼、鮰鱼、刀鱼、鲈鱼则更为淡水鱼中之上乘。濠河中的鲫鳙鲤鲢十分味美，但濠河中的银鱼则更具特色。银鱼又叫"小白"，只有一两寸长。鱼两目细黑，周身无鳞，呈圆柱状，洁白如银。银鱼肉质细嫩，其味胜过多种淡水鱼，清通州诗人李琪有诗称赞："白小天然二寸鱼，黄泥口里网张初。松江鲈脍滦河鲫，比似侬家总不如。"[1]每年春季桃花水涨，渔夫们用细网可从北濠河捕得。清通州诗人姜长卿在其《崇川竹枝词》中记下了银鱼的另一产地宝塔河："白小鱼儿二寸多，银条拨刺起春波。扣舷处处声相和，都泊城东宝塔河。"[2]宝塔河在濠河东南文峰塔边。濠河是通州银鱼的重要产地。

州城初建，城内的天然水道变成了市河，发挥出了它们新的功能。小溪水流进入了深宅大院，水泊变成了院落中的观赏美景。东园、苍翠园、珠媚园

---

① 季光编注：《崇川竹枝词》，《江苏文史资料》编辑部 1996 年版，第 19 页。
② 季光编注：《崇川竹枝词》，第 41 页。

散布于市河北支沿岸，紫薇园、醒园、皆春园环绕在濠河外围四周，诸多园林点缀了濠河的灵气。濠河是鱼米之乡，濠河养育了通城人民。水包城，城容水。人们生于斯，长于斯。在这如诗如画的家园里，濠河文化也逐步发展起来。

第二节　天造人工而成濠河

南通市滨江临海，三面环水，濠河水系就分布在这片长江三角洲平原之上。濠河形成之前是残留在胡逗洲及其邻近沙洲上的湖泊、河道，濠河随通州筑城而形成。濠河水系是通启水系的一个分支水系，从通启水系的形成历史看，通启水系起源于濠河。原胡逗洲上的湖泊、河道形成了濠河，濠河及其周边河沟构成了濠河水系。宋元以后，通州因要与各盐场连通而不断开挖新河道，于是濠河水系不断延伸，最终形成了通启水系。

濠河是濠河水系的主要河流，后周显德五年（958年）始设的通州，就建在濠河之滨。千百年来，濠河曾经担负着对城市的防卫责任和地面集水、外排以及城市近郊农田的灌溉功能，还担负着城乡各镇集之间物资运输的水上通道等重任。宽阔的水面，清澈的水流，鸥飞鱼跃，环濠河而生的绿地自然天成，一个个风格别具的园林美景，恰似让城市戴上了"翡翠项链"。随着时光的流逝，濠河上的风帆舟楫淡出了水面，濠河成了人们流连忘返的乐园。

一、形成和分布

濠河是州城的护城河。濠河的城北段与东南、西南段三面较为宽阔，水面有几十丈宽。三块水面原来是三个水泊，不相通连，通州筑城，分别在东南西三个城门外各开挖一丈多的水道，于是三个水泊连接了起来，濠河最初就呈"口"字形，把州城包在了中间。通州城内的市河及环城的濠河组成了最早的濠河水系。

宋代的通州有三个乡和一个镇，濠河在静海县的范围内。到了明代，静海县被裁撤，通州直管范围内有狼山、永兴、西成、文安、清干、六场六个乡，利和、余中、余庆、便仓、石港、白蒲六个镇。濠河水系分布在狼山、永兴、西成、文安、清干等乡范围内。

城中市河。市河与濠河相通，在州城内大体成两横两纵的势态。市河主干为东西向水道，东西两端各有一材质坚固的木栅栏水关。清末的市河，南干道自西向东，经西水关，过西水关桥、虹桥、市桥、平政桥、崔家桥、泮宫桥，折向东南，经东水关流入东濠河，这是城内沟通东、西濠河的重要河道。这条河道较为宽阔，两只船可以并排航行。市河北干道由东北水关向西流入，从学宫北面，向西北流，过丁家桥进入荷花池，由荷花池西北角出口向西，流经原紫琅书院、苍翠园折而向南，至麻千户角断流。这条河道原为仓河，水道较宽，荷花池原是粮仓北的一水泊，停靠运粮船只，市河淤塞后，船只停运，水泊改成了荷花池，后来成为五属公立中学校园内的一景。北干道在珠媚园西向北分流，经如意桥，向北为箭道河，流入原守备署洗马池。市河的两纵为南北走向，由南主干道分流，东支从大圣桥折而向北，流经察院桥、岳家桥、五步桥，注入仓河。西支由西水关向东，南折，经展龙桥、玉带桥、凤凰桥向南，注入洗马池。

明万历二十六年(1598年)，通州增筑新城，次年完工，原来的城南濠河变为城中内河，后来称中濠河。于是，濠河由"口"字形变为"日"字形。原城南一分支河道成为新城内河，从西濠河向东注入，在西寺南分流：北支短小，经江家桥向北而终止；南支流经马家桥向南拐弯，折而向东，过望仙桥，流经东寺南，过锁澜桥向东流入东濠河。东濠河启秀桥西北，有一小支流，向西北方向注入。这些内河比较狭窄，是新城中的排水河道。

周边水道。濠河位于长江下游，它自身的水源主要来自长江与黄海。濠河与市河还只是南通城的水域，濠河通过新开挖的河道向四周延伸，扩大了集水区域，构成新的水系。在濠河水系向通启水系演变的过程中，它容纳长江的水量逐渐多于黄海，最终成为淡水河水系。

自宋代以来，以州城的濠河为中心，河道向东、北、南三个方向延伸，诸如

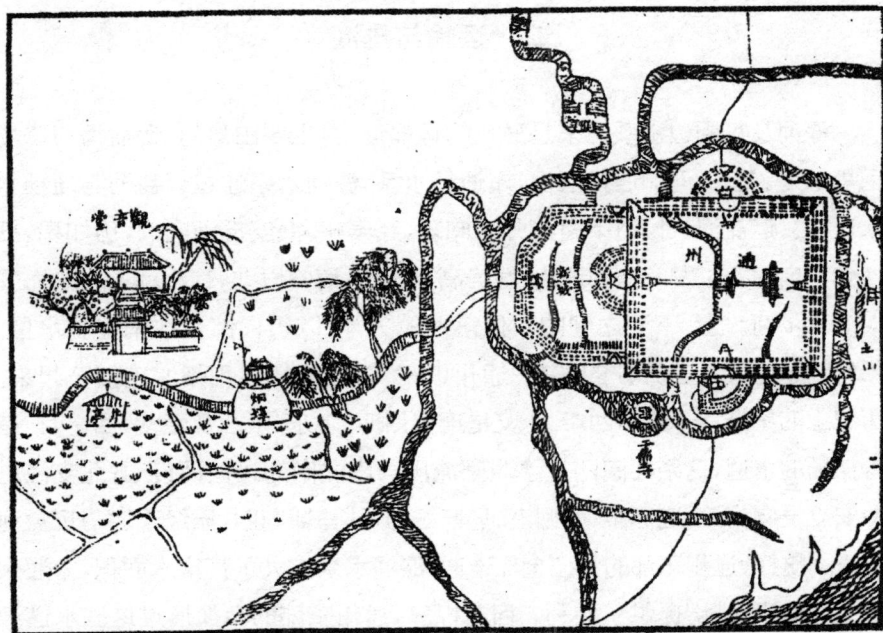

图1-4 明万历《狼五山志》通州图

金沙河、石港河、山港河，等等，濠河水系不断向通州城周边扩展，并与长江、运盐河、串场河连通。

濠河南边有山港河、西南有姚港河通往长江。山港河从濠河东南方流出，过三元桥向南至灰堆坝，向南经倭子坟、曹公祠，从狼山西、黄泥山之间东南流经山港镇（已坍没），向南流入长江。姚港河由濠河西南方姚港坝流出，经姚港镇、义学镇、姚港流入长江。濠河西边有两支水道：一为盐仓河，从原跃龙桥向西，经盐仓坝折向西北，过端平桥向北，与从如皋方向流入的运盐河接通；一为任港河，由盐仓坝西侧向西，经任港流入长江。濠河从东南方出口，经五福寺南、王字河向东折向东北，有二沟、头沟自西向东注入，再向东北与金沙河道相接。濠河从东北方出口，由郭里头向北，经秦灶北流，再流经许家环，与石港河接通。

二、运输与排灌

濠河及其周边水系历来是通州的运输通道,主要由濠河、运盐河与串场河等组成。运盐河即通扬运河,属通扬水系,濠河水系通过运盐河与通扬水系连通。运盐河从扬州茱萸湾分流向东,经泰州、海安折而向南,历如皋,抵通州。自海安立发向南到通州,地势高于泰州、海安以北,称上河;泰州、海安以北称下河。上、下河之间的水位落差较大,所以历代都有水闸控制水位。串场河是历代人工开挖的,它把通州以东、以北的盐场和州城连接了起来。历史上的串场河一般指两条:东支是连接吕四、余东、余西及金沙、西亭、石港等盐场的水道,这条河向西从丁堰闸流出与南北向的运盐河接通;北支经过海安立发向南流,连通丰利、掘港、马塘三场,从马塘向西,流经丁堰与运盐河相连。这样,通州东部的河道全部连通,濠河水系扩大了其集水面积,为通州农田的灌溉、排涝提供了便利。自古以来,通州东部的海盐通过这些水道源源不断地向通州、扬州转运,运盐河与串场河成为淮南上十场重要的海盐运输线。

濠河水系。通州原由沙洲并接而形成,全境水泊、河沟密布且水道复杂。宋代以前,沿海各盐场生产的海盐多从陆路运输,十分不方便。南宋咸淳五年(1269年),两淮制置使李庭芝调集民夫,开挖金沙河,河长约四十里,把金沙场、余庆场与运盐河连通了起来。当时蒙古军队不时进攻南宋,江淮一带经济遭受摧残,盐业生产也因战乱而不景气。李庭芝镇守扬州,主持开挖金沙河,这是他为振兴经济而采取的措施之一。金沙河的开通,海盐由陆运改为水运,盐民减少了陆路车运的劳苦,对通泰两地盐业生产的恢复、发展是十分有利的。从军事角度考虑,通泰两地的盐业生产收入是支持淮南军事防务的重要经济来源。

元代,通州的河道没有大变化。到了明朝,对通州东部河道治理主要在西亭场、吕四场与石港场。成化十七年(1481年)疏通西亭场河道;成化二十年开挖吕四河,由吕四场通往余东场;弘治二年(1489年)疏通石港河。万历年间，在石港开挖岸河二十里，灌溉农田，兼作河运。

明代通州的串场河东支原来与运盐河并不连通，隆庆二年（1568 年），海潮泛滥，余西、余东等盐场的运盐河道也遭水浸，于是马塘的一些盐商富户联络船户，要开凿河道把串场河与运盐河连通起来，以方便东部的海盐较快地通过运盐河，向扬州转运。东支串场河的余东场河段，在清康熙四十三年（1704 年）坍入江中，于是开挖新运河，东接吕四，西连余东、余西两场。清代，通州以东新沙涨出，海门厅设立后，海门各沙与串场河的水道相连，濠河水系再一次扩展，形成了现在的通启水系。

濠河水系发源在胡逗洲上，其实胡逗洲并不是一块完整的沙洲，它也是由许多沙洲分别连接起来的，且河道众多。从这块土地上遗留下来许多与沙洲有关的历史地名。明代，通州西南的永兴乡，北部的西成乡地势低凹，容易遭到咸潮的浸渍。永兴乡一带有许多圩子。圩，本来是低地四周的堤岸，农民们往往对将要出水的沙洲进行围垦，于是筑堤造田，通城西南方就留下了二圩、杨四圩、沈家圩等地名。众多小沙洲并接使胡逗洲上水网密布，至 20 世纪初，以桥为地名的地方比比皆是。小沙洲出水因先后不同而造成水道的水流有缓有急，在水势湍急的河流上人们筑起了水下土坝，迫使水流平缓下来。这种土坝就是埭，通城四周的杭家埭、韩家埭、沙家埭、桃园埭等地就是因埭而命名的。而南通城西北、北部如十万步荡、黄猫儿荡、草荡、土荡，等等，则是沙洲出水而生成的水泊或河沟的最后残留。

运盐河道。现代的通扬运河于古代称为运盐河。运盐河自泰州向东，流经姜堰、白米、海安，折而向南，经如皋、白蒲到通州。现代的通吕运河有新旧之分，旧通吕运河古称串场河。串场河，从通州州城向东，到达余西、吕四，金沙、西亭。运盐河西接淮扬诸水，东连串场河，通州以东众多盐场连为一体，两河流经面积广大。运盐河与串场河的开通对于古代通州的经济发展十分有利：方便了海盐运输，节省了财政支出，国家对海盐课税征收顺利，财政收入有了较为稳定的来源。运盐河与串场河不仅是运输通道，而且流域内的农田也可以从河道获得淡水灌溉，这对生产的发展是极为有利的。

官府对河道的治理十分重视。南宋以后，运盐河道多年失修，有的河段淤浅,水深只有一尺多;通州的西亭、石港场至马塘场一线开挖新河与丁堰接通后,虽然方便了运盐船只的西行,缩短了通州东部各盐场与扬州之间的运输距离,但是海水、咸潮也会经这条水道进入通州与如皋交界地的水网,农田因用了咸水灌溉,庄稼受损;另外,西亭、石港一带的草荡田也因为咸水的灌入,荡草生长稀疏。因此,治理运盐河及串场河势在必行。

明代隆庆二年(1568年),因通州东部长江江岸坍塌,原有的串场河道余中段坍入江中,不得不改挖河道。此后,通州运盐河道主要有三条:一为延长了的运盐河,原运盐河从白蒲到了通州后,转向金沙南,通余西、余中、余东抵达吕四场;一为串场河东支,自吕四场向西经余西,到金沙、西亭场通向石港;一为新河,从通州西北的十八里河口至石港新旧河道。这些河道由于年久失修,许多河段淤浅,而吕四场则因其路途遥远,河道经常壅塞,运输并不方便,许多盐商都不愿到那里收购海盐,所以"官盐不行,私贩日兴",吕四以西河道的疏浚更加迫切。明万历初,通州知州林云程会同狼山镇副总兵陈其可查勘通州全境水道,决定视轻重缓急在沿江各地修建六只涵洞,造石闸一座,增筑堤坝十二处。还下令利用农闲季节疏通淤浅河道,规定河道整治的宽度与深度,连同各闸坝工程,指定军政官员监督施工。工程结束后,指派专人负责水闸、涵坝的管理。

三、"人身脉络"

濠河水清如镜,自然风光优美,濠上风帆云集;市河,水路畅通,舟楫穿梭。喧闹的白天,满载南北方各色货物的船只从东西水关进城,把货物送往各商家;夏日的夜晚,运送货物的篷船早已停泊到城外。市河为城中河,流经通州城内,正如明万历年间郡人陈大科为整治市河而作的纪事中所言,"城中河犹人身脉络然,所以通往来"[①]。

通州建立后,城外居民开始迁居城内。市河因是城内水上交通通道,城

---

① 万历《通州志》卷二,河渠。

内民房多数建在河的两边。历宋元至明代，城内的民房越建越多，市河两边的空地也建满了民房。于是，人们开始与河争地。财力雄厚的人家，选择较宽的水面，填土造地，再建住房。财力较弱的人家，在河边打下木桩，木桩上铺就木板，把房屋建于其上，生活垃圾常常倒进市河河道。渐渐地，市河两边垃圾越积越多，河面越来越狭窄，河底越来越高。市河终于不堪重负而堵塞，市河的水运交通中断了。

那个时代，人们的习俗中还是看重"风水"、讲究"气象"的。在宋代，通州推荐到太学辟雍的士子一度无人能顺利通过考试，大观年间（1107—1110 年）的通州知州朱彦认为，这是州城东北壮武营的射垛压住了州学的风水气势，致使通州士子不能晋升，于是下令把壮武营射垛移走。就在那一年，通州选拔推荐到太学的三名士子都通过了考试进入上舍。这一下震惊朝野，不仅士子们获得了担任官职的机会，他们的老师、考官和通州知州均因此官升一级，通州的推荐考试名额也由 3 个增加到 10 个，通州遂被人称为"利市州"。这个历史经验对于明代的人们怎么会忘却？州城里有人说，通州不乏做官的人家，但世代为官的却十分罕见；百姓中十有八九的人家是贫困的，富户中也没有能传世给后代的。大凡通州只要一疏浚河道，诸生中举的人数就会增多，且屡试不爽。如此，只要诸生考试失败的人一多，那淤塞了的市河就要承担责任了。堆满垃圾的河道，细菌繁殖，当然会引起疾病蔓延，导致人们的体质下降，还能有精力去读书、考试？

治理市河的工程被提到议事日程上来了。万历三年（1575 年）的一天，知州林云程召集州城耆老商讨市河整治事宜，他说：我奉皇上的命令来治理通州，如果州境内的河川不能治理好，就会祸害百姓，那么，老百姓会怎么评价我呢？郡人陈大科赞同州守的意见，他说：城内市河好似"人身脉络"，不能阻塞。雨天可以排积水，天旱可以引水饮用，万一发生火灾，还可以取河水来灭火。于是，林云程下了一道命令：凡是沿河居住的百姓，家家都得参加疏浚河道。他规定了河道的宽度与疏浚的深度，凡是十日内不参与疏浚的，或是疏浚河道不合规格的都得治罪，并亲自督查工程的进度。如是，沿河市民个个争先恐后，没有不努力参与整治市河工程的。经过五个月的日夜整治，垃圾被运走了，堵塞的地段通畅了，清澈的河水又流进了市河。城内的水运交通恢复了，运送粮食、日用百货的船只往来不绝。郡人顾养谦对这项工程甚为赞赏，曾有诗作褒扬林云程："相携试上最高台，水入春城莫浪猜。十里淮流原自接，万家江市到今开。青天倒映楼台出，紫陌平分星汉来。不有使君能决策，清时谁是济川才。"①林知州疏通市河，为通州老百姓做了好事。后人有诗描绘市河，"一路城河接市河，西关门外泊船多"②，州城市井又重新展现出繁华景象。

"通州好，最好是仓河。一片渔矶扶卧柳，几层画阁隐烟萝，浣女晚风过。"③市河里一只只小航船，散坐着游人，在河中荡漾，悠扬的琴声，昆腔、滩黄戏的曲调抑扬顿挫，吸引着两岸纳凉的人们。西南濠河宽阔水面中的水汊上，亭台楼阁为花丛簇拥，水汊边的水榭，依傍着株株垂柳，凉风轻轻地吹拂，阵阵幽香沁人心肺，忙乐了一天的人们在香风中尽情沐浴。"水心楼子水中央，四面风多好纳凉。渡唤夕阳买花朵，茉莉栀子夜来香。"④画由水而生，人在画中住，崇川诗人的词笔写出了当年通州城士子、商贾们悠闲自乐的生活。

四、濠河旧景

明正统年间（1436—1449年），通州士子发起倡议，为通州景物命名。一时间众说纷纭，分为两派。时任知州的孙徽让两派各定"通川八景、狼山八景"的名称，并刻石碑记录下来。以通州学正林惠为首的通州学子列出了"泮水晴波、市河春雨、谯楼月晓、锦绣风情、五峰霁色、南寺钟声、山港归帆、仙桥云影"通川八景和"□□□□、宝塔凌霄、龟田雨霁、仙洞云还、大江潮长、军山鹰扬、盘陀卧翠、剑迹苔痕"狼山八景；以举人吴源为首的另一派列出了"长堤春草、古井甘泉、锦绣遗荣、海山远眺、古寺钟声、仙桥云影、石港渔歌、沙田牧

① 乾隆《直隶通州志》卷二十一，艺文下。
② 季光编注：《崇川竹枝词》，第6页。
③ 季光编注：《崇川竹枝词》，第163页。
④ 季光编注：《崇川竹枝词》，第27页。

笛"通川八景和"□□□、栖云阁、伏龟田、磨剑石、炼丹台、仙女洞、观音岩、□□□①"等八景。

　　吴源的通川八景在嘉靖《通州志·古迹》中只记了"长堤春草、古井甘泉、海山远眺、锦绣遗荣"四景，万历《通州志》则记全了八景。通川八景，记下了通州城及近郊的美丽景色，也录下了当年旖旎的自然风光。宋代通州有别称，如通川郡、崇川郡、静海郡，等等。通州于天圣年间改名崇州，于是通川郡也就改为崇川郡，明代人对这段历史有所失察。与其说是通川八景，还不如用崇川八景来得恰当。崇川八景中有六景描绘濠河周边的景色，濠河恰似串起了颗颗翡翠，把通州古城点缀得更为艳丽。

　　长堤春草。明嘉靖《通州志·古迹》中对遥州八景之一的"长堤春草"原来就有说明文字："宋范公、任公筑堤以捍海，春时堤上蔓草交翠。"历来认为长堤指范公堤，其实，长堤是通州境内历经几代人的艰辛逐步修建起来的古海堤，包括任公堤、狄公堤和沈公堤。

　　宋天圣年间，范仲淹在西溪盐监任职，他支持江淮制置发运副使兼泰州知州张纶主持修筑海堤，历经五年海堤筑成，后人为纪念范仲淹的功绩，笼统地称苏北的捍海堤为范公堤。实际上当时这条海堤仅修到海安以北，宋代修筑通州境内江海堤岸的有任建中、狄遵礼和沈起。宋宝元年间（1038—1039年），通州州判任建中在通州城西筑了一条长二十里的江堤，高一丈多，这条江堤有效地控制了江潮对通州城的威胁，也保护了通州城西郊的农田。狄遵礼于宋庆历年间（1041—1048年）任通州知州，他主持修筑从石港经西亭到余庆的海堤。沈公即沈起，沈起在宋至和年间（1054—1056年）担任海门知县，主持修筑自吕四场至余庆的海堤七十里，人称沈公堤。这些江海堤岸保护了大堤内的农田及沿江、沿海人民生命财产的安全。

　　每年春季，江海堤岸上的蔓草碧绿青翠，它们保护着大堤，微风吹来，大堤上泛起绿浪。斯人已去，大堤仍在，人们总是不能忘记那些为老百姓做了善事的官员们。

―――――――――――

　　①　碑文有缺，疑为"支云塔、白云泉"。

古井甘泉。通州城建在胡逗洲上，沙洲土地含盐量高，所挖的水井多出咸水不能饮用，而水质为淡水且有"甜味"的井，为数不多。在州治西"五十步"有一口淡水井，这是宋崇宁年间（1102—1106年）通州州判任伯雨把一口废井淘深而得到的，《舆地纪胜》对这件事就有记载。当年有人作诗称赞他："恭惟持节日畿边，抗疏公车首荐贤。议论不能符国是，精诚直可动渊泉。"①任伯雨，字德翁，眉州眉山人。他曾任雍丘县令、左正言等职。宋徽宗建中靖国元年（1101年），任伯雨上疏，提出"宽立堤防，约拦水势"的治水主张，在治河方面产生一定影响。他为人刚正不阿，作为谏官，连上八道奏章，弹劾章惇。在任半年，上疏108篇。崇宁年间，因受官员结党案牵连，任伯雨被贬至通州任州判。经他疏浚过的井，水净味甘，直到明正统年间依然如故，州人以此列为通州一景。清光绪《通州直隶州志》"名迹"中记甘泉井在"州治西"，通州学正林惠有《甘泉井》诗："石甃多年斥卤咸，使君一汲变清甜。至今饮者倾城邑，谁识渊源惠泽渐。"②后来井又湮塞。21世纪初，南通旧城区人民路地下管线施工时在寺街口得一宋代废井，可能就是当年留下来的那口井。

锦绣遗荣。锦绣是通州城里的一个坊名，在州治东北。这个坊因南宋州人印应雷而得名。印应雷，字德豫，原籍通州静海，南宋嘉熙二年（1238年）进士。他在宝祐年间被任命为和州知州。那时正值蒙古兵南侵，印应雷奉沿江制置使邱岳的命令，率领军队击退蒙兵，进占和州。后来调任温州知州，一度罢官归隐。咸淳时重新被起用，屡建功勋。他官至两淮安抚制置使兼知扬州，后任兵部侍郎，受封静海县开国伯。宋理宗赵昀曾书写"锦绣"二字赐给印应雷，他居住的地方就被命名为"锦绣坊"。后来全家迁居常熟，原住宅献给了天宁寺。明正统年间通州学正以"锦绣风情"为名，题诗怀古："扁题锦绣昔恩荣，人远遗风日愈清。鸡骨纵横夸笔画，兽头高古树家声。一时卓立营华表，千载流芳播盛名。自是通川文献地，明时接踵总豪英。"

海山远眺。"海山远眺"是宋代南城门上海山楼楼额的题字。通州建城

---

① 王象之：《舆地纪胜》，卷四十一，通州·官吏。
② 清光绪《通州直隶州志》卷二，名迹。

后于建隆三年在城门上建造了戍楼，宋大观年间（1107—1110年），通州知州朱彦拆除了南城门上的戍楼，重建新楼。新戍楼有三层，楼的匾额上题了"海山远眺"四个字，从此通州人就称这座楼为"海山楼"，楼前原先还建有一个亭子，称"绿漪亭"。宋朝郡人陈博古曾有诗句"门外海涛奔铁骑，槛前山背拥金鳌"[1]，气势磅礴，对仗齐整，两句中分别藏"海、山"二字点明了楼的名称。傍晚之时，登上高楼远望暮山景色。雨过天晴，山色一片碧绿，潺潺流水环绕着青山慢慢流淌，隐藏在绿树丛中的农家里，炊烟袅袅，山港归来的渔船上，满载海鱼江虾，山旁的集市上人头攒动，热闹非凡，呈现出一副国泰民安的景色。清代州人姜长卿的《崇川竹枝词》中留有海山楼观景的诗句："南城城上海山楼，坐看狼山海上头。隔水福虞青两点，大江南北一天秋。"

古寺钟声。古寺，即天宁寺，位于州城西北。唐咸通四年（863年），僧人藻焕堂始建大雄殿与五级浮图——光孝塔，寺名"报恩光孝寺"。宋代政和年间，州治西之天宁寺并入，寺更名为"天宁报恩光孝禅寺"。

天宁寺寺僧每天清晨撞钟，僧人开始诵经。古钟的钟声能传到很远的地方，对此还有一个富有传奇色彩的传说。当年天宁寺的大钟铸成后放进了大殿，铸造大钟的师傅在离开寺院时对方丈说："我要走了，你们不要马上敲钟。"方丈答应了。师傅离开了天宁寺，寺里的僧人围着大钟观看，心想，钟已经铸造好了，怎么还不能敲了试试？过了一个时辰，僧人们忍不住击响了大钟。浑厚的声音向四周散发开来，钟声飞出了古寺，越过了濠河。这时铸钟师傅才走到州

图1-5 天宁寺光孝塔

---

[1] 王象之：《舆地纪胜》，卷四十一，通州·诗。

城西北方的十八里河口,他听到钟声叹了口气,说:"钟声就只能传到这里了!"天宁寺的晨钟节奏快慢有序,《州乘一览》的"崇川八景"中对"古寺钟声"有记:"紧十八,慢十八,不紧不慢又十八。"[1]

另有"南寺钟声",南寺是指分别建于宋乾道元年(1165 年)和乾道二年的西寺(兴化教寺)与东寺(兴国禅寺),两寺位于通州城南,均在元代至正十八年(1358 年)被毁坏,明代洪武年间分别重建。每天清晨,城南两寺的钟声齐鸣,东西呼应,气势磅礴。

仙桥云影。"仙桥"就是通州城南的望仙桥,州南新建新城后,桥就被包在了新城之中。望仙桥得名于一个关于真人得道,于此成仙而去的传说。传说最早见于《舆地纪胜》通州卷仙释。明代,通州嘉靖与万历州志中也有这则传说。据说,有个叫燕幻的真人,平时什么事都不做,整天喝酒。一天,他喝醉了酒就躺到桥上睡着了。他正在酣睡,忽然,一团云雾笼罩了他,原来是仙家点化了他。从此,他云游四方,浪迹江淮。燕真人在军山上用茅草修了个小庵,庵旁边砌了个炼丹台炼丹,他煎制草药,分发给贫苦无钱求医的百姓。过了几年,他迁居到城南。一天,他和朋友说要离开了,不久便无疾而逝。人们把他的棺木抬去焚化,发现棺木太轻,打开一看,只有一双草鞋放在里面。人们这才知道,真人羽化了。

第三节　濠河文化寻踪溯源

濠河养育了古往今来的南通人民,濠河周边社会经济的发展是濠河文化产生、发展的根本源泉。古代南通的先民带来了各自的生产方式,在濠河周边的大地上经营、发展,濠河文化是南北方诸多文化的传承,呈现出"襟江负海,南风北韵"的特征。

成陆的沙洲时期,海洋资源丰富,海盐文化成为最早的文化形态。随着

---

[1]　汪荣:《州乘一览》,南通文献征集会 1940 年铅印本,卷七。

南通全区陆地的不断扩展，农耕文化在这里生根，与海盐文化相互融合，最终，农耕文化取代了海盐文化。海盐文化与农耕文化是濠河文化的历史源泉。近代工业在南通兴起，西方的先进科学技术与东方古老的传统文化相互交融，濠河文化呈现出新的生机。

一、海盐文化渊源

南通得天独厚的自然条件和特殊的地理环境孕育了濠河流域早期海盐经济的生产方式。《史记·货殖列传》中记，汉代东南一带的吴郡、广陵郡因海盐生产而富庶。西汉初年，吴王刘濞为运输海盐，从扬州茱萸湾到蟠溪开挖邗沟，蟠溪在今如皋境内，海水煮盐成为刘濞重要的经济来源。南北朝至唐代，海陵一带的盐民——沙洲最早的开拓者，来到胡逗洲、南布洲等沙洲上。唐代胡逗洲四周分布着盐灶，这里的盐场一直到胡逗洲连陆以后还长期存在。

宋初的通州有利丰监管理州境各盐场的盐务，通州州城四周，盐场呈环形分布，北有石港场，东北有西亭、丰利场，东有金沙、余庆场，东南有利和场，南有利丰场，西有永兴场，而永兴盐场就在州城附近。日本僧人圆仁在他的《入唐求法巡礼记》中记述，他们的船只到了如皋东部（今如东）海边，看到内陆大地上火光通夜不灭。这些火光其实就是海边盐灶生产时的亮光，当年的胡逗洲上也是这样。

古代南通的盐场以煎盐为主要生产方式。各盐场设有亭场和亭灶进行生产。亭场是滩灰吸卤的场地，亭灶则是取卤制盐的地方。煎盐的原料是咸卤，盐民们堆制含盐成分较多的灰土，用水泼浇，得到含盐成分较高的卤水。待卤水达到一定浓度后，再把卤水盛入器具中，用柴草煎煮出盐。南通河沟、海滩较多，这些地方生长的芦苇、红草就是天然的燃料。

南通地区的通州、如东、海门多次发现古代煎盐工具——盘铁。通州区的观河乡、金西乡、唐洪乡出土了盘铁。盘铁厚约 10 厘米，有三角形、半圆形等，每块大小有一两百斤不等。由多块盘铁板拼成一副圆形盘铁，下有铁柱支撑。烧盐时,下面起火,把盘铁烧热,将卤水浇在上面即可迅速成盐,一昼夜可产盐千余斤。官府规定以盘铁产盐,以强制盐民集中生产。从唐宋到元明一直是这样。盘铁由国家进行铸造,然后发给盐民生产。这种大型生产工具,私人无力制造,这样就限制了私盐。

到了明代以后,煎盐多有锅鐾。一般每灶有一鐾,两三只锅生产,锅用以温卤,鐾用以煎盐。用煎制的方法生产出来的盐,色白味美,质量较高。各场均有专人督查煎盐的过程,盐丁煎盐,需领取起火牌,并登记备查,以控制盐的产量,防止偷盐瞒产甚至出售私盐的现象发生。

濠河西南的盐仓坝得名于盐仓,那里河面较为宽阔,宋代的利丰监就设在这里。利丰监管理静海、海门的盐务,监原来设在通州城南,所辖八个盐场有亭户一千三百多户,盐丁近一千七百人。太平兴国年间(976—984 年),利丰监移到通州城南"古煎盐之所"的利丰场,太平兴国八年(983 年)又把利丰监迁到州城西南。宋代通州海岸比较稳定,对海盐生产也十分有利,利丰监管内的盐场年产曾达近 49 万石。海边生产的盐源源不断地运到濠河边的盐仓里,再从盐仓通过运盐河转运到扬州。一时间濠河上舟楫往来,风帆云集,呈现出一派繁忙景象。濠河边上的利丰监成了通州海盐的集散地、转运中心。

元明两代,通州的盐业生产继续发展。明洪武初年,设在扬州的两淮都转运盐使司曾在通州设立分司,管理淮南上河地区的 10 个盐场,在通州境内的有石港、西亭、金沙、余西、余中、余东、吕四 7 个盐场,另有如皋县境内的掘港、马塘、丰利 3 个盐场,这些盐场已经远离州城了。至明代中叶,年产量达到 12 万吨左右,创市境古代盐产量的最高纪录。[①]

海盐生产为官家、商户带来了巨大的财富,而盐民的地位却十分低下。盐民们都得造册登记,且不许逃亡。他们居住在海边低矮的茅草屋里,喝的是苦涩的咸水。终日与卤井、草灰为伴,盛夏不能避火,严冬无衣蔽体。一旦海潮突发,除了逃上避潮墩,竟无生存之地。作为封建时期政府主要财政收

① 穆烜:《古代南通简史》,《江海纵横》1997 年 1—6 期。

入之一的盐业课税，是由辛苦劳动的广大灶户承担的。灶户又称盐户，是具有特殊的户籍，承担产盐徭役的人户。政府发给灶户卤地、草荡和制盐工本费，由灶户中的青壮年从事煎盐生产。这些青壮年称为灶丁或盐丁。他们在极其恶劣的环境下劳动，而所产之盐，须按照定额作为盐课缴给政府入仓；其中一部分属于卤地、草荡的地租，一部分则为盐丁的徭役，即被强迫承担的无偿劳动。而灶户只能得到工本费和盐课定额之外的余盐。

盐的运销，由具有特权的盐商垄断。政府将盐引①交给盐商，这些盐商凭盐引到盐场领取定额的盐以后，再运往特定的地区销售。盐户遭受到政府、盐商、封建把头等多重压迫和剥削，制作私盐贩卖、被迫逃亡的事件经常发生。到清代中后期，由于海边地理环境的变化，盐场多数远离大海，成为内陆，盐卤制作困难；且海边盐田开始被围垦为农田，煎盐的成本高于晒盐的成本，通州出现了盐业转变为农业生产的情况。

濠河从唐宋至明清，渐渐远离了大海，远离了海盐生产方式，海盐文化逐渐为农耕文化所取代，退居次要地位。到20世纪初，南通的海盐生产继续受到早期现代大农业与工业生产的冲击，但盐民在长期生产活动中养成的吃苦耐劳、坚忍不拔，与恶劣自然环境抗争的精神却代代传承。海盐文化依然以其特有的方式成为濠河文化的一个组成部分。

二、耕织文化底蕴

南北朝时的胡逗洲上已经有了居民，虽然对洲上的生产状况没有史料可查，但可以推测，那时洲上除有海盐生产外，还应当有农业生产。北方人民向南方的大迁移，使胡逗洲这块待开垦的处女地上人丁兴旺起来。农耕文明成为濠河文化的重要因素。

胡逗洲气候温暖，雨水充沛，土壤肥沃，适合农业生产。这里虽然有一批居民从事海盐生产，但粮食毕竟还是人们的必需品。唐代末年，这一带的农

---

①　古代取盐凭证。

民已经有了一定规模的农耕生产,稻谷粟麦为主要农产作物,桑麻豆蔬也成为农家生产的重要项目。

宋代,通州的农业生产缓慢发展。农户以家庭为生产单位,男耕女织,还处于自给自足的小农经济状态。一般人家居住在园基里,四周环水,一个小坝头把园基与外面相连通。园基四周的小沟里鲢鱼、鲫鱼、青鱼等淡水鱼悠闲地游弋;水面上漂浮着菱、莲等水生作物。园基中间为农户的主屋,后排有猪舍与其他生活用房。农业生产以稻麦为主,农家还栽桑养蚕,一般中等农户生产的粮食与副业产品都可以自给。

古代,人们对水利比较重视,因为这与农业生产的丰歉攸关。宋宝元年间,通州西部江岸遭到江水冲蚀,沿江农田大量坍入江中。通州州判任建中,在州城西主持建筑江堤 20 里,保护了沿江一带的农田,后来这道江堤被称为任公堤。通州与如皋毗邻,如皋地势比通州略高,州境的西成、永兴两乡地势要比其东边的几个乡低矮。皋南白蒲镇有水闸控制两地水流,天旱时,开启白蒲闸,可引如皋境内的河水入通州境灌溉农田;多雨季节,如皋境内的积水可经过通州水道排入长江。与州城邻近的盐仓闸、唐家闸是州城控制东西水道的重要水闸。唐家闸建于明嘉靖十九年(1540 年),当年,闸距州城 15 里,而距江岸只七八里。没有这道闸,通州以东数百里河水难以保留而会直泻进长江;如遇大水之年,通州西成、永兴两乡的积水不能排出而尽成泽国。嘉靖四十五年(1566 年),闸被大水冲毁,隆庆元年(1567 年),知州郑舜臣主持重修了这两座水闸,州城水道的水位维持了正常状态,这既保证了通州近郊农田的正常排灌,也保证了州城水路运输的畅通。

通州的农民是十分忙碌、辛苦的。立春当日,农夫们就开始准备春耕,并且祭祀土牛、芒神,祈求五谷丰登。清明时节,文人学子们在忙着踏青的时候,农夫们就得准备忙农事了。一到芒种,水田里就热闹了起来。《崇川竹枝词》里就描绘了这一景象:"芒种才交五日强,家家争插白梅秧。劝郎饱吃搊腰饭,瓮里犹余腊酒香。"①其实,真实的农家生活哪里似文人笔下的那般轻

---

① 季光编注:《崇川竹枝词》,第 13 页。

松。一户无地农民，夫妇俩可租种 20 亩田。农忙时节，从莳秧、施肥、薅草、糊秧到收获，自家人忙不过来，邻居间就互相帮忙。年成好的时候，一亩田能收稻谷三石；年成差时，一亩田只能收两石，甚至一石谷物的也有。通州于明代时的地租一般四六分成，六成收获要缴给地主。一季作物，农民的投入工本，至少要占收成的四分之一，地租一交，所剩无几。按好年景计算，扣除交租、农本等等，最多还能剩下 9 石粮。全年的开支就靠这些了。一旦遇到水旱、蝗虫等自然灾害，那 20 亩田就没有什么收成了，地租却是不能少的。于是贫苦的农民只好卖妻、鬻女，背井离乡而逃亡，甚至还有被逼债自尽的。

通州还曾经有过牧业，永乐年间通州被派养种马 850 匹。每年要解送本色马 82 匹、折色马 88 匹，即每年除要解送 82 匹各色的种马，还得上缴折算成 88 匹马价的银两。通州的自然条件不宜生长种马，每年死亡的马匹较多，为完成缴马任务，养马户只得去外地购买。一旦有了损失，领养户就得赔本，养马竟成为通州的一大弊政。通州人钱嵘，嘉靖十一年（1532 年）进士，他在任浙江道监察御史时，得知通州仍然被每年的种马税课所困扰，于是上疏要求裁撤通州的种马税课。由于钱嵘的上书，通州养种马的任务终于被取消了。

五代时，南通的农业生产中已有植桑、织麻之事。植桑养蚕是唐末从江南传过来的，在宋代通州的土产中除海盐外，还列有"丝"，南宋《舆地纪胜》转引《续资治通鉴长编》说，宋开宝七年（974 年），通州盐户纳盐，往往用布帛茶米等折算盐的价值，这里的"布帛"应当是麻织物。南宋《舆地纪胜》在记述"东布洲"名称的起源时说，"东布洲元（原）是海屿沙岛之地，古来涨起，号为东洲。忽布机流至沙上，因名布洲，成平陆，民户亦繁"[1]。这里的布机应是用来织麻布的。长期以来，苎麻仍然是农民的重要种植品种。通州余东场产帨，是用苎麻与芙蓉皮合绩后织成的帕巾，成为市场上的畅销品。兴仁镇绩苎丝的技术尤佳，用芙蓉皮与苎麻为原料织造麻布做成的衣衫、汗巾，不会有汗水的味道，深得老百姓的欢迎。《崇川竹枝词》中"朝沤白苎为衫子，夕采芙蓉作手巾"的歌谣即为这些织物工艺的写照。

---

① 　王象之：《舆地纪胜》，卷四十一，通州，景物下。

　　元明之际,江南的棉花种植向通州传播。南通地区气候温暖,土质呈碱性,宜于植棉。明代,棉业逐步兴盛。明嘉靖《通州志》卷一《物产·货之属》有"木棉花"的记录,表明棉花已成为一种商品。清康熙《通州志》及乾隆《直隶通州志》中记载了沿江农民"善种棉"、"种业多棉花"。当时南通棉花已北销徐、淮、山东。山东客商以驴马袋装棉花北运而去,同时也大量南销福建、广东。通州乾隆时人汪橐《州乘一览》中记载:"闽粤人秋日抵通收花衣,巨舶千百,皆装布囊。"可见南运数量之巨。通海棉花不仅产量大,而且品质优良。如通海普遍种植的鸡脚棉,株杆短矮,叶缺五出如鸡脚,其纤维"绪理紧密、绵绵不断",为各地所乐用。

　　明清时期,通州植棉业发展,随之而来的棉纺织业也兴盛了起来。在康熙《通州志》及乾隆《直隶通州志》中均记载了农民善织布,"所为布颇粗,然紧厚耐着"。南通土布业的发展,除了棉花原料特别丰富的原因外,其地理变迁也产生了很大影响。从元末至清初,长江主泓北移引起北岸持续坍塌,海门沿江一塌再塌,不得不五迁其县治。康熙年间,废县为乡,移民于永安镇,镇又逼江,复迁至通州治东北十五里之兴仁镇。由于土地日削、人口日密,人民生活加重了对纺织副业的依赖。乾隆《直隶通州志》载:"海门兴仁镇值播迁转徙之余,尚能自食其力。家有机杼,户多篝火,一手所制,若布若带若巾,易粟足活三口,三手事事,则八口无虞。"土布的生产已向商品化方向发展。随着棉布生产的发展,印染技术也由简单的工艺发展为通州独特的蓝印花布制作工艺。通州平潮、石港、骑岸等地的染坊生意兴隆,通州农村生产的被单、被面、蚊帐等运销各地。

　　南通广阔的平原、肥沃的土壤、适宜的气候、充足的水源适宜各种农作物生长,这决定了濠河周边以农耕为主的生产方式。宋元以来,人们在这片地块上,早出晚归,精耕细作,发挥聪明才智,对土地实行最经济的利用,借以维持生存,也养成了处世沉稳、乐天知命、安分守己的性格特征。在生产力尚不发达的古代社会,江海阻隔限制了人们与外界的交流,濠河文化在其初始阶段也呈现着农耕文化保守和封闭的特征。

三、南北文化交融

　　两晋以来，南通大地经历了四次大规模的沙洲并陆，发生且接纳过多次外地的移民。每次沙洲并陆，每一次移民的迁入都会为濠河文化带来新的因素，这些文化因素与南通原来形成的海盐文化、农耕文化相融合，形成新的文化形态。人类社会进入工业时代，对古老的中国产生了深刻的影响。特别是鸦片战争爆发后，中国社会发生了巨大变化，古老的通州引进了近代工业，这种变化使濠河文化发生了新的飞跃。

　　魏晋南北朝时期，胡逗洲的先民们在这里开垦荒地、捕鱼煮海，萌发了早期濠河文化的雏形。中原地区战乱纷飞，北方人民为躲避战争，大规模南迁，胡逗洲迎来了众多移民。胡逗洲初始以海盐生产为主要产业，迁移到胡逗洲一带的北方农民带来中原地区的农耕技术，在这块未开垦的处女地上施展身手，中原农耕文化第一次与胡逗洲的海盐文化发生了碰撞。中原农耕文明、先进的生产技术开始与荒原之地的胡逗洲结合，毗邻的淮扬文化渗入这片未开垦的处女地，南北方文化在这里初次交汇，共同构成最初的濠河文化。

　　唐末五代，为控制长江口，吴越军阀攻占江口沙洲，几经易手。随着军事占领，江南士民也迁来江口一带；随着东洲、布洲的开发，这里成为江口盐业生产基地，四方盐商"风帆云集"，不乏定居于此的。南宋末年，北方女真贵族的军队大举南进，中原地区的商贾、农民再一次大规模南迁。历经元、清时期，蒙古族、满族等少数民族迁移到通州，他们的民族文化与濠河文化相互交融，为濠河文化增添了新的元素。两晋以来，每一次接纳新的人群，濠河文化也就渗入了新的内容。南北各方的古老文化与濠河文化交融，这是濠河文化含有淮扬文化、吴越文化等多种文化元素，呈多元结构的原因。

　　1973年2月，南通市饮食服务公司民兵在防空工程中发掘到一件瓷质皮囊壶，经鉴定为晚唐—五代器物。该壶近似球形，上安螭龙环形横梁，前有流，后有尾，圜底，左、右侧和腹部各有一条突起棱线，为仿皮袋的缝合线，提梁、壶身多处印压有圆珠纹，又似铆钉，模仿皮囊惟妙惟肖。该器物在今人民路北侧南通电影院前,埋藏处距地面 7 尺,周围无墓葬及其他伴随物。根据明、清《通州志》记载,该处在元代为万户府,明清两代为守御千户所、参将府、总镇府等。宋以前无记载,但很可能也是通州地区军事衙署所在。这件瓷质皮囊壶可能是五代或宋、元时军事衙署遗留下来的。皮囊壶是北方游牧民族日常的酒水器具,南方越窑烧制出具有北方地域风格的皮囊式瓷器,反映了南北文化的交流和融合。

图 1-6 越窑青瓷皮囊壶

　　清代海门建厅,在通崇诸沙上开垦的农民很多,通崇诸沙形成的沙地文化也与濠河文化相融合,成为濠河文化源流之一。史家留下了一个名叫陈朝玉的农夫的拓荒事迹。陈朝玉祖籍崇明,清康乾年间赴通崇沙洲务农。他带领妻子登上荒蛮的沙洲开垦耕作,历尽艰辛。不几年,生产所得自给有余。陈朝玉不畏艰难、勇敢开拓的精神以及初创的业绩,吸引了崇明的乡邻,他们纷纷迁来沙洲,共同开发,将昔日江中的荒滩变成良田。海门新沙上的拓荒者们,应当是早年胡逗洲上开拓们的缩影。陈朝玉故事体现了海门新沙拓荒者艰苦自立、敢为人先的精神,这种精神融入了濠河文化。

　　每一次沙陆并接,让在胡逗洲狭小区域内的濠河文化融入了新的成分,这就使濠河文化具备了区别于其他文化的独特的地域特征。

　　近代南通于 19 世纪末开始创办大生纺织企业集团,随着先进的生产方式进入了南通,西方工业文明也进入南通社会。在这个历史进程中,南通的社会结构发生变化,南通的社会经济从初级的自然经济向资本、技术聚集的工业经济转变,南通的文化教育从单一型的科举教育向多层次的科学教育转变,南通的社会政治生活从封建的依附型向民主的参与型转变。新的生产方式进入了南通近代社会,但这种新方式只较为集中于唐闸、天生港和城南濠河地区,濠河周边的广大农村则依然是小农经济占主要地位。多种经济成分的存在，不可避免地表现出濠河文化历来的多样性与包容性特征。"南派北派会通处"，中国传统文化与西方近代文化，封建主义文化与资本主义文化，在濠河流域共生共存。南通近代经济社会发展超过了其周边地区，被誉为"模范县"，这种社会发展的地域不平衡，使濠河文化持续保持明显的区域特色。

濠河文化从一个时代向另一个时代延续，它由淮扬文化、荆楚文化、吴越文化相互交融、叠加，形成了独特的区域文化。濠河文化在经历了一千多年的积淀后又与西方文化发生了碰撞，吸收了近代西方文化中的先进因素，丰富了自身。近代西方文化对濠河文化的影响，西方科学技术在南通的运用，正是东西方文化融合的体现，这种影响还体现在南通的社会政治生活中，南通近代社会经济的发展使得濠河文化由封建文化向近代文化转变、发展。南通近代多样的生产方式影响了濠河文化，使其呈现出多样性与包容性特征。濠河区域经济社会的历史发展，是濠河文化不断完善、发展的历史源泉。

第二章　河之韵：城水相拥

水是生命之母，水是万物之源。自古以来，逐水草而居就是人类生存生活的最初形式，依山傍水就是对居住环境的理想选择，江河湖泊对城市的形成有着巨大的意义。南通因"濒海控江"、"煮海积盐"而形成了边镇，因修官廨州城而形成了濠河，因实业教育而崛起为近代城市。到过南通的人都有一种感觉，濠河就像影子一样，处处跟随着你，仿佛要向你讲述这座城市的古往今来，解读近代南通强国之梦，叙说曾在中国城市史上写下的那光辉一页。这个城市的韵味就这样体现在濠河的历史中。

第一节　濒江控海始筑城

南北朝时，南通还是长江入海口的沙洲。沙洲滨江临海，地理位置优越，海产资源丰富。唐朝，这里的盐业生产达到相当规模。唐末，来自江南的姚氏家族占领东洲静海，成为这一带的封建割据势力。割据政权隔江对峙了数十年，南通的地理位置在军事上的重要性在这时期凸显出来。扩大盐业生产，保卫战略边防，成了地方长官的双重任务。静海最早的地方官是军事长官，即狼山镇遏使。随后，割据东洲静海的吴兴姚氏家族世袭东洲静海都镇遏使，是军事长官兼管行政。南通早期的地域文化体现出边镇文化的特征。

一、兴盐靖边

1. 控渔盐之利

胡逗洲滨江临海，有渔盐之利。盐是国家财政的重要支柱，烧盐是洲上之人的主要生产活动。随着盐业生产发展和规模扩大，管理机构随之建立，唐代在这里设置了盐亭场。据研究，这里最早的盐亭场大概是利丰场，其地点位于今天的南通市西郊。盐业的生产使胡逗洲得到开发，居民逐渐增多。唐末的天祐年间即 10 世纪初，这个长江口的沙洲已连接大陆。为保护盐业生产和运输，唐乾符二年（875 年），朝廷在这里设置了狼山镇遏使，属浙西常州管辖的军政机构。唐末、五代，吴兴姚氏家族成了这里的割据势力，充任东洲静海都镇遏使。

在封建社会，盐是国家的经济命脉。汉代，吴王刘濞"即山造钱，煮海为盐"，积蓄了造反的力量，后有吴楚"七国之乱"。由于盐在国家经济中的重要地位和作用，历代封建统治者对盐业生产十分重视，对盐的管理和控制非常严格。汉代朝廷为了掌控盐业，搞好海盐的运输，就开凿了从扬州到泰州的运河，五代时运盐河已延伸到南通地区。盐业经济的发展使得这里的战略地位更加凸显。

1971 年在南通县陈桥乡九村九组出土《唐东海徐夫人墓志》，志文记录了姚氏家族统治南通时期政治、军事和社会经济情况。墓志记载的墓地地点"永兴场运盐河东二百步"，说明当时运盐河已经修到了南通。徐夫人丈夫系"吴兴姚公"，任静海都镇遏使。墓志记载，姚氏家族由江南过江到静海，辅佐唐吴二朝，历官四世，"设官吏，烈将校"，"静边鄙，安民庶"，"司煮海积盐，醴峙山岳，专漕运，副上供"。这些都是姚氏家族的世代业绩。志盖为覆斗式，中间分三行，楷书"唐东海徐夫人墓志铭"九字，四周为八卦图案、十二肖属动物形象与日月星辰。四边为苍龙、白虎、朱雀、玄武形象。1990 年 9 月，在南通市郊又发现五代姚锷墓志,内容为姚锷祖孙四代在东洲、静海担任军政职务及其业绩,其中"盐铁之场监殷繁"一语,表明晚唐至五代南通地区盐业生产已相当繁盛。姚锷与吴兴姚氏系同一家族,任静海指挥都知兵马使兼监察御史。这两个墓志是研究地方历史的重要资料。

图 2-1　唐东海徐夫人墓志

2. 镇东疆之防

唐乾符二年(875 年)四月,胡逗洲上发生了一件大事。据《资治通鉴》记载,浙西狼山镇遏史王郢等 69 人立有战功,但节度使赵隐只赏给他们职名,而不给衣粮。王郢等人申诉无效,即从武器库中夺取兵器发动兵变,附近不堪苛政盘剥的农民纷纷参加,队伍很快发展到近万人。他们在王郢率领下,首先攻克苏州,再克常州,然后乘舟往来沿江入海,进入浙东,转攻浙西,影响所及南至福建。两年后乱事方才平息。

唐末天祐年间，胡逗洲北部夹江逐步淤塞，沙洲与北部的大陆如皋连接。唐末天下大乱，群雄四起，最后形成了五代十国的割据局面。唐天祐四年（907 年）起，吴兴姚存、姚制割据海陵东之东洲与静海二洲，任东洲静海都镇遏使等职。由此，姚氏家族成为这里的世袭统治者。

在南通狼山东北麓观音崖，有题名石刻，因年代久远，有些字体剥蚀。经考证，全文为："天祚三年囗月十四日东洲静海都镇遏使姚存上西都朝觐回到此。"①"天祚"系五代十国吴王杨行密之孙睿帝杨溥年号，杨吴割据，都城在江都府。天祚三年即 937 年，该年割据南通一带的姚氏家族首领姚存上"西都"即今南京，朝贺徐诰被册立为齐王，后乘舟回通，系于狼山边。此行料必得意，故在此题名。题名所占石面为正方形，字如碗大，体近魏碑。该石刻保存了南通最早的建制称号，即"静海"，这是南通最早的名称。姚存的官职是"东洲静海都镇遏使"。东洲在五代已与布洲相连，称夵布洲，后来叫海门岛。在这一段分裂割据时期，东洲、静海的地理位置更为重要，它成为长江入海口的咽喉。

东洲静海为东疆边地，战争使这里成为军镇，姚氏家族自有军队，"赡义勇将士 1000 人"，成为军政一体的地方割据势力。唐末五代是个纷争不断、动荡不定的岁月，东洲静海附近的江水海域往往成为双方水军交战的场所。天祐五年（908 年），吴越派大将张仁保攻占东洲，吴国派兵反击，打败了吴越军，夺得战船 300 艘。吴武义元年（919 年）三、四月间，吴越王钱镠命其子传瓘率战船 500 艘进攻东洲，吴军迎击，大战于狼山江面，吴军大败。南唐昇元元年（937 年），吴越水军屡犯南唐，南唐水军迎战，数败吴越水军于海门。后周显德三年（956 年），后周与吴越夹击南唐。后周军渡淮南下，吴越战舰四百艘，水军 17000 人则渡江北上，在静海与后周军会师。后周显德五年（958 年），后周派军队进攻南唐，平江北，拔静海。此时南唐水军战船数百艘尚占据东洲，周军攻破南唐水军并占领东洲。南唐被迫求和，献江北十四州。后周军攻占静海后，设静海军，不久改为通州。

---

①　穆烜：《古代南通简史》，《江海纵横》1997 年 1—3 期。

二、静海故城

1. 初建静海城

姚氏家族是集军政大权于一体的封建割据势力,统治东洲静海达半世纪之久。最初属唐,唐亡后属吴。五代十国分裂时期,国与国之间经常交战。当时静海已与大陆相连,东洲还是个海岛,这里是长江入海口,盛产海盐,又是交通运输的要通。作为边地军镇,战争使这里成为前线。为了保卫盐业产地和交通要道,必须坚守这个地方,而防御最好的办法是筑城。南宋地理总志《舆地纪胜》"通州卷"引《通川志》的记载,透露了当年南通筑城的情况:"海陵之东有二洲,唐末割据,存、制居之,为东洲镇遏使。制卒,子廷珪代之为东洲静海军使。廷珪始筑城,钱镠遣水军攻破之,虏廷珪。而吴又命廷珪犹子彦洪为静海都镇遏使,修城池官廨,号静海都镇,今城是也。改东州为丰乐镇,顾俊沙为崇明镇,布洲为大安镇,狼山西为狼山镇。至南唐李璟嗣位,始补静海制置使。"从这段史料看,静海城始建于姚廷珪任"东洲静海军使"时,大致在后梁开平二年(908 年)。后钱镠派水军进攻静海,交战中姚廷珪被吴越军俘虏,吴国任命其侄姚彦洪为静海都镇遏使,其侄姚彦洪对城池官邸又进行了修建。

姚氏家族在静海东洲的割据统治,大致结束于姚彦洪时期,姚彦洪去向,历史记载语焉不详。《舆地纪胜》记载,"显德三年,静海制置使,姚洪帅兵民万人奔吴越之地。"说明姚彦洪是投奔了吴越,同在《舆地纪胜》中,又有姚彦洪受困后"聚族自焚"一说:"初李王遣师收姚洪彦,城陷,彦洪聚族自焚,以金宝投井中,故老传有金擂石,今风雨夜有光烛天,意其金宝气也。"[1]这一种说法被清康熙、光绪《通州志》沿袭。不管姚彦洪的去向如何,956 年,姚氏家族在静海东洲的统治结束。后周显德五年,周世宗柴荣夺取南唐江北十四州,静海东洲被纳入后周势力范围。

---

[1] 王象之:《舆地纪胜》,卷四十一,通州。

2. 城址寻踪

姚廷珪是南通筑城的鼻祖，他所筑的城应是静海城。关于静海城没有更多的文字记载。那么，静海城在何处？这是人们在不断探索的问题。对静海城址，有不同的说法。一种意见认为，在通州城东南的南通师范学校旧址，张謇1902年创办师范学校，当时这里是千佛寺。明万历年间，顾养谦和王穉登各为新建的文昌阁写记，分别称"城濠东南水口，静海故址在焉，即址为阁"。这个东南水口，就是千佛寺所在地。并认为那一带曾发掘出古城砖，推断那里应是姚廷珪建城之所在。

还有种意见，认为静海城址在南通图书馆旧址（东岳庙），即以现南通博物苑新馆办公区为中心及周围地区。此处原有一个约5000平方米的土墩，比四周地面高出近两米，张謇创办南通图书馆曾选址于此，地势高爽是重要原因之一。它的西侧南大街三官殿巷口到望仙桥地段，1950年修下水道时发现路面下有三层古街道，40到80公分下面有条乱石街道；再往下多处是碎砖碎瓦，又有条砖街与碎石街道，街中嵌有长条石，条石中间有磨得光滑的凹槽；再往下50到60公分全是沙土，底下又发现一条沙石、文蛤壳的路面。南通图书馆建古籍楼还曾发掘出大量的五代及宋瓷片。有些专家认为这里应是静海城故址。

人们所认为的这两处静海城址，四周皆为水泊。静海城址不论在何处，它都是以水泊河流为濠，依河建城，河水环抱。水中之城，这是江委海端沙洲之城的特色。南通土地是因水形成的，并因水而有渔盐之利。水给南通带来无限的财富，但有时也给人们造成极大灾难。有的地方是涨了坍塌，坍塌了再涨。千余年来，通州先民不断与各类水灾进行抗争，并在与自然共处中生存和发展。沧海桑田，历经千年的通州城始终屹立在江海大地，流淌了千年的濠河水向人们诉说着南通先人的睿智和百折不挠的精神，他们不断趋利避害，建设美好的家园。

第二节　江委海端水中城

后周占领静海东洲后,于显德五年(958年)设静海军,不久改名通州,同年构筑州城。通州名称的由来,明万历《通州志》说:"州之东北,海通辽海诸夷;西南,江通吴越楚蜀;内,运河通齐鲁燕冀。故名通州。"清顾祖禹《读史方舆纪要》认为:"州据江海之会,由此历三吴,向两越,或出东海,动齐燕,亦南北之吭喉矣,周显德取其地,始通吴越之路,命名通州。""始通吴越之路"最早出于《资治通鉴·后周纪五》,可能是由静海改名通州最初的理由。宋仁宗天圣元年(1023年),为避太后父讳,通州一度改称崇州(亦名崇川),后又复称通州。通州城是一座典型的方形州城,宽阔的濠河绕城四周,城内有市河蜿蜒。古代生产力低下,社会发展缓慢,从建城到清末,通州城面貌基本没有变化。明朝中期,因人口增加,城内居住比较拥挤,于是,街道向城外的东、西、南三个方向延伸。但水中之城的格局及其环境始终未有改变。

一、通州城池

五代十国是一个战争频仍、诸侯割据时期。951年后周建立,周世宗柴荣继位后,在政治、经济、军事方面进一步进行改革,形成强大的统一势力。后周出兵西征、北伐都取得了胜利。从后周显德三年(956年)开始,周世宗柴荣曾三次亲自率兵出征南唐,迫使南唐割让江北、淮南的十四州六十县之地。割据一方的姚氏政权在周军打击下土崩瓦解。显德五年(958年),静海、东洲被周军占领,这里纳入后周的版图。后周设静海军,不久改为通州,东洲改为海门。通州下隶静海、海门二县。

1. 州城的形成

城池营建。根据现存通州城的方形平面和建筑布局遗存,可判断州城是经过精心选址和周密规划。城址在五山北面,五山拱卫州城,有利于陆地和州城安全。城为方形平面，是早期城市中比较多的形式，也是南北方平原地区常见的形式。丁字形大街，其东西大街为城横轴线，南大街为城纵轴线。其纵轴的延伸线直指五山居中的狼山，从风水上来讲，这是南通城的"龙脉"所在，体现了建城者的智慧和匠心。城内建筑成对称式布置，比较有秩序。通州城虽然不大，但其规划建设体现了统治者的思想和要求，也符合边地城市的特点。

建城是个巨大的工程，州府调用了大量的人力物力来构筑城池。通州建城之处本为沙洲，地势高低不平，河网密布，沙洲、水泊、河流交织在一起。按照建城规划，在地上划定方形城的范围，方形地块四周向外的土地作深挖和填埋，形成一定宽度、深度的壕沟，是为濠河。挖掘壕沟时充分利用原有的水泊、沟潭、河流加以拓宽加深，或切弯裁直，形成了宽广的河面。濠河外连长江、运盐河，以获得新水流，也利于货物的运输。内与城内市河相通，从河流分布的走向看，市河也是经过精心规划后挖掘的，城内原有池塘得到保留和利用，市河保证了城内居民的生活、生产用水，也满足了城外物资通过市河向城内运输的需要。濠河还与城郊的河流相通，以方便农村用水和农田灌溉。

在方形地上构筑城墙，从四边的河岸边向里后退了约 100 米，即是城墙的位置。河中的泥土用来筑城。通州筑城采用中国传统的版筑法，版筑技术所筑城墙非常坚固。版筑法在汉代已经十分成熟，被广泛采用。通州城立四门，周六里七十步，城墙高 1.9 丈，面宽 1 丈，基宽 2 丈。多余泥土铺在城内以增高地势，使城内地势高爽，也有利于城内建筑的驱湿防潮和居民的生活。

州城的布局。通州州城所立四门均在城墙中部。州衙位于城中部偏北。丁字形大街是主要大街，以州衙前十字街为中心，向南到南城门为南大街，向东到东城门为东大街，向西到西城门为西大街。东、西大街有三大建筑临街而立，中部为城隍庙，即郡庙；东大街的东端为文庙，即孔庙；西大街的西端为武庙，即关帝庙。早期的寺庙，在城西还有天宁寺，城西北有报恩光教寺。宋政和中天宁寺迁并到报恩光孝寺，名天宁报恩光孝寺，通称天宁寺，为现存南通最早的古建筑。清光绪年间，州城以州署为中心，署前的南大街把州城东西一分为二，东为试院、总镇署、学正署、文庙等；西为吏目署、万寿宫、书院、育婴堂等。寺、塔、祠、堂坊棋布于城内各处。

宋代,城内街巷分两个层次,有大街、坊。时有大街3条。里坊27个,州治南有坊4个,州治北、西各有1个,州治东南有4个,州治东北有2个,州治西南有5个,州治西北有3个,孔庙前有3个,州沿前1个,试院前3个。此外,城外及狼山也有坊。随着时代变化和社会发展,里坊名称逐渐消失,大多演变成了街巷。至明代,巷有40多条,万历年间,时任知州林云程"缮城墉缮州治"填修街衢,行者称便。

清代,通州街巷日益趋于完善,到光绪年间,城里主要有18条街、45条巷。18条街的分布是:州署前是十字街,后是州后大街,十字街到东、西、南三城门分别为东街、西街、南街,州署附近还有寺街、官地街、北山门街、半条街,城外又有东门大街、西门大街、南门大街、望仙桥街、高墩子街、端平桥西街、河东大街、河西大街、盐仓闸街。45条巷分布城内外。主要大街宽度大致统一,约8~9米。后来两边修建民房时侵占街面,到清末已狭至宽处不过5米,窄处只有3米。巷子宽度则狭于街面,最窄的号称一人巷。这里应当提及的是,其中带"坊"字的巷子4条,十字街南大街之西有惠民坊、惠民坊东巷、惠民坊西巷,街东有利民坊,这些巷名应是宋代建坊时就有的,年代都比较久远。

三大街临街建筑为商业用房,开设了各类生活用品商店。居民则居住在街巷之中。根据光绪《通州直隶州志·市巷》记载,南通当时的集市为"州治南平政桥鱼市,东门猪市,北河梢米市,南门鱼市,西门果市、菜市、木市、砖瓦市,端平桥河东米市,南巷布市、花市,三濠河侧草市",这些集市的分布与当时农村产品输入方向相符。随着居民大量增加,街道继续向城东、西、南三城门外拓展。

2. 州城的完善

通州"受淮之委,承江之会,扼海之吭"①。地理位置重要,州城是否坚固与军事防务密切相关。建城是个浩大工程,即使城濠工程结束,城门、城墙筑

---

① 光绪《通州直隶州志》卷一。

好后，其他如建筑、道路、市河等，仍需继续建设施工，城池也在使用中不断完善。因此，在州城已成雏形后，历任州官都把州城修建和维护作为重要任务。州城在使用中发现问题，也要及时进行修建，使州城始终保持坚固形态。

城门和水门。通州城立四门。城门分三个部分：城台、城楼和门洞口。州城建成后，因北门地僻"多盗"，设壮健营驻守。宋建隆三年（962年），南门上兴建戍楼，楼高三层。宋大观四年（1110年），知州朱彦重建南城楼，称海山楼，高三层，可远眺狼山、长江。有联曰："门下海涛奔铁骑，槛前山背拥金鳌"，额曰："海山远眺"。宋政和年间（1111—1118年），知州郭凝塞北门，废壮健营，城台上建玄武庙。南宋宝祐年间（1253—1258年），为三座城门修筑瓮城，提高了城防能力。

明代，城墙普遍使用城砖包筑，使城池更为牢固。明初，通州城就进行了修筑。城门3座，东门名天波门，南门名澄江门，西门名朝京门，各门俱有戍楼、警铺、瓮城，瓮城内有盘诘厅。时有望江楼4座，望江楼扼要道而耸立，如同城门，可屯兵御敌，最早的是明正德十二年（1517年）由知州夏邦谟所建的南望江楼，曾毁于倭祸，嘉靖三十八年（1559年）郡人马坤重建，万历三年（1575年）知州林云程修，明万历二十六年（1598年）成为新城的南门。嘉靖十九年（1540年）同知朱应云建望江楼3座，分别在盐仓坝南、端平桥西和战坝（今鲁家坝）东，甲寅俱毁于倭祸，后又重建。

清代，地处东南一隅的通州未受战火波及，社会比较稳定。从清初到同治年间二百年的时间内，城垣经过七次不同程度的修筑。城门三座，东门天波门易名宁波门，南门澄江门易名江山门，西门朝京门易名来恩门；西门、南门有瓮城三重，东门有瓮城四重，门内俱设盘诘厅，城门上设戍楼，城四角有角楼，共4座，还有敌台16座。这种布局和规模一直延续到民国才被陆续拆除。

水门也叫水关，是城外水穿过城垣入市河的门洞。水关是城垣下控制水上安全的通道。明初，守御千户杨清、姜荣相继修筑通州城，在城门外设东、西、南3吊桥；辟三水关，东城门南、北各1座·西城门南1座，以便从城内市河出城入濠河。明万历二十六年（1598年）知州王之城筑新城，同时建三水关，东、西两便门建新城两水关，新城另一水关为望仙桥下河道出城处，位于兴国寺之东南。

城西北濠河有大码头,有一个接官厅,为一小阁,临河朝西。清朝大员到通巡察或开考,新上任的狼山镇总兵和通州知州,多乘内河帆船从扬州南下,大码头作为入市的首站,文武属员都在那里迎接。

城墙系统。城墙是州城的主要部分,墙体是防御敌人的主体建筑物和最后防线,墙体坚固才能保证城池安全。从宋代开始,城池不断改进和完善,墙体几十年就修缮一次。南宋末年,蒙古军大举南下,攻破通州城,城墙遭到很大损坏。元至正十九年(1359年),都元帅李天禄调集人力修筑通州城,"工力坚密,遂为名城,屹然金汤,为国藩屏"[1]。明代中期后,通州受到倭寇严重侵扰。嘉靖年间,倭寇多次攻城,有一次围困州城月余,城外"焚劫殆尽",军民靠城垣合力守卫,方才脱祸。但城墙已近200年未大修,次年淫雨毁城三百余丈。隆庆二年(1568年)知州郑舜臣主持大修,历经三月竣工,"视前增筑二尺有奇,外甓既直,内土亦广,以至雉堞楼橹,焕然改观"[2]。

清代,通州城垣多次修建。顺治十七年(1660年),副总兵鲍虎修旧城的敌台和角楼,同时修新城。康熙元年(1662年)总兵柳同春伐军山松千余株修新城。以后新城失修,至乾隆时已废。从康熙七年(1668年)到同治四年(1865年)间,旧城进行了七次规模不等的修建。光绪时记载,通州城垣与明万历时相同,其周为六里七十步,延袤一千零六十八丈,高一丈九尺,面阔一丈,基广二丈。

城河贯通。后周显德五年(958年)通州筑城,城成即有河。通州城河"其行于城内者曰市河,其周于城外者曰濠河"。城河素有"人身脉络"之称,不仅对加强州城防御、拱卫城墙发挥巨大作用,而且为居民的生活提供了极大的便利。通州濠河"特深广,望之汪洋,足称巨观"。濠河"绕城四匝,与市河相通,城北与东南三面,阔凡十数丈,北接淮水,西汇江潮,东达诸场"[3]。由于水域宽广,水源丰富。元朝初年,通州设立提举司,掌握造船,同时海运的漕船

---

① 光绪《通州直隶州志》,卷三。
② 光绪《通州直隶州志》,卷三。
③ 光绪《通州直隶州志》,卷三。

往往从州治南由市河经通济闸入江。明初,在坚固州城之时,加强了对濠河的疏浚,使其更深广。

市河横贯城内东西,分流南北,"东西横可并两舟,纵而北者可大舟,其南可小舟也,城中民撂楫运刍粮转输百货,东西南北来不绝如织……"[1]清代,城河与州民生活更为密切。康熙、乾隆、光绪年间疏浚城河达十次之多。1949年后,随着城市建设的发展,市河被废填。濠河经过多年的整治,则得到更好的保护和利用。

构筑钟秀山。明嘉靖年间(1522—1655年),通州的士大夫喜"堪舆之说",认为通州城只辟东、西、南三门,"出南门十五里许则有长江映带,五山并列",形成了城南有门有山而城北"平壤雉堞"的布局,故"风气不聚"。[2] 只有在州城北郊筑土山,与五山相对峙,才能保证通州钟灵之地的风水不受影响。于是,知州高启新下令规划。后高知州调任,筑山之事搁置。明隆庆三年(1569年),知州郑舜臣"买田五十七亩,用夫千余工,食米百余石",将钟秀山筑成。钟秀山有五山,明万历年间,在主山上建造了碧霞阁,内供元君像。钟秀山上植树、栽竹、种花,建筑历经修缮,该处成为北郊的风景胜地。

3. 通州城的特点

通州城建于10世纪,当时正处于封建社会中期,中国城市建设理论已非常成熟,建城经验也十分丰富。通州建城较晚·是后起的边地城市,建城者继承了中国传统城市规划思想,巧妙利用了依江靠海的环境,以及南面江中五山的特点,建了一座具有一般州府城特点的城市。

第一,宽阔的濠河水面。中国古代城池都有护城河,这是古代城市防御的第一道防线。濠水外与长江、通扬运河相通,内与城内市河相连,为城内物资需求提供了水运条件,同时,也方便了城内驻军和居民的生产、生活、工作用水。南通濠河的特点是,水面特别宽阔,河水浩浩荡荡,最宽处达200米。宽阔的濠河水面,增加了敌方进攻的困难。南通濠河一直保存至今,这

---

① 光绪《通州直隶州志》,卷三。
② 陈尧:《新筑钟秀山碑记》,费范九:《南通县金石志》,1948年。

在中国古代城市中十分罕见。

第二,典型方形州城。中国古代城市的平面形式有规则形和不规则形,规则形中有方形、圆形。平原地区的城市多是方形,通州城平面为长方形,是中国一般府州城的典型,这类城市是"从政治军事统治的要求出发而新建的城市,一般多有整体规划的意图,布局方正规则"①。通州城在中国古代中小城市中具有代表性。

第三,中轴线对称布局。通州城采用中轴线对称布局形式,使城市布局更加严整,加强了城市布局秩序感,能更好地体现城市建筑的艺术性。州城北部居中为州衙,衙前为谯楼,前大道与南大街相连接,与东西大街成十字形。城南五山呈弧形排列,拱卫通州城。州城南大街为中轴线,直指居中狼山支云塔,使通州城与南五山形成一个对应整体。这是建城者的独具匠心。明隆庆三年(1569年),通州知州郑舜臣组织民工筑钟秀山,形成了北五山与南五山相对峙的景观。同时,州城纵轴线向北延伸到钟秀山主山,通州城自然景观布局更为完善。

第四,州城方位度最佳。通州城面南而建,其轴线稍偏东南,城内建筑的朝向与城的轴线一致,从视觉的角度来看,房屋墙面与城墙相平行,整齐划一,比较美观。更为重要的是,根据通州城所处的纬度,建筑接受阳光时间长、阳光度足。南通夏季多东南风,冬季多西北风,东南向的房屋冬暖夏凉。因此,南通城的规划建设,直接影响城内公共建筑及居民住宅的朝向,有利于居民的生活,符合传统的"天人合一"的思想。

第五,体现封建礼制等级观念。通州城的规划建设,体现了封建统治者的意图,在州城规划建设中,遵循封建的礼制、宗法观念和等级规则。通州城规模小,本身就是封建等级观念的产物;州衙位于城北部居中,体现"城市之地,其正穴多为衙署"②;沿着中轴线两边布置建筑,如东边为文庙、西边为武庙,也与礼制相符。城市建筑的型制、色彩、规模等遵守等级的规制。

---

① 董鉴泓:《中国城市建设史》(第二版),中国建筑工业出版社1989年版,第188页。
② 刘沛林:《风水中国人的环境观》,上海三联出版社1995年版,第219页。

二、抗倭扩城

明朝倭患严重，几乎与整个明代相始终。尤其是明中期以后，东南沿海经常遭到倭寇侵扰。倭寇所到之处，烧杀抢掠，无恶不作，百姓遭难。通州地处东南沿海，是倭患重灾区。在明朝嘉靖年间，倭寇曾有四次大规模入侵通州，少则三四千人，多至万余人。倭寇焚掠，使民众生命财产受到极大损失。明朝政府派出大量官兵抗击倭寇，多次取得重大胜利，狠狠打击了倭寇的嚣张气焰。

1. 军民抗倭

明嘉靖三十三年（1554年），倭寇在江南掠夺民船开到江北，到海门、如皋、通州及各盐场，大势烧杀抢掠。四月，三千余倭寇进袭通州，三门箭如猬集，并用云梯攻城，守城官兵投掷砖石，并用火枪射杀。倭寇死伤百余。后来援军到来，与城中官兵共同追击，倭寇乘船败逃。

明嘉靖三十四年（1555年），倭寇在通州的余东场、海门东夹港登陆。流窜至狼山、利民镇，以及吕四、余西等场进行抢劫。四月，倭寇500余人进入通州，从单家店（平潮）到狼山，沿路烧焚抢劫，并攻入通州南门。官兵设伏追剿，并歼敌20余人。五月，明朝军队在吕四大败倭寇，杀死倭贼160人。

明嘉靖三十五年（1556年），倭寇围攻通州，其余倭贼抢掠沿江各县。四月，倭寇3000余人占据狼山，大势焚掠。倭寇前锋100余人突入望江楼，并攻至通州城下。知州喻南岳率民兵进剿，杀倭寇400余人，倭寇败逃，副使马慎率官兵追击，在狼山大败倭寇。

明嘉靖三十八年（1559年）四月，江北的倭寇奔至通州，倭寇乘战船数百艘，企图乘汛沿江西上。倭寇攻入白蒲镇，取道入如皋，谋犯扬州。江北兵备刘景韶派邱升在丁堰、如皋、海安攻击倭贼，三战皆捷，杀死倭寇百余人。倭寇进掠通州，刘景韶督邱升攻击倭贼，歼敌数百人。是年，江北各地民军配合共歼灭倭寇万余人，并捣毁了倭寇在江北的巢穴。自嘉靖后，通海地区再没有发生大的抗倭战斗。

各地在抗击倭寇的战斗中涌现了不少英雄人物。在通州,曹顶的声名尤为卓著。

曹顶,通州余西人,盐民出身。因他顶发有三个螺旋,故取名为顶。曹顶年轻时受聘贩盐。嘉靖三十二年(1553年),倭寇入侵太仓,曹顶应募参军,与倭贼战于江中。战斗中,曹顶将敌方操舟者刺落水中,并跳上倭船纵火,倭贼大乱。翌年,倭寇三千余人入侵,曹顶率水兵五百人拒敌于城外,与敌周旋了二十余天,逼敌退却。曹顶临战,能以一挡十,奋勇当先,先后斩杀倭贼几百人,身上有几十处受伤,其战功本该封官,但曹顶坚辞不受。嘉靖三十六年(1557年)四月,倭寇再度侵犯通州,曹顶与倭寇战于城北五十里,追敌至单家店。时天下大雨,道路泥泞,战马失足,曹顶不幸阵亡,时年44岁。曹顶墓为方形垒石平台,上有跨马提刀塑像。在平潮镇还建有曹顶纪念亭。张謇先生曾为曹公祠题联:"匹夫犹耻国非国,百世以为公可公"、"北廓留名单家店,南山增气曹公坟",赞扬曹顶的爱国精神。

2. 构筑新城

倭寇频繁侵扰,给民众生命财产造成极大损失。明万历年间,知州王之城见百姓为避倭祸"盼城居为天府"。但城内人口较多,容纳空间有限,抗倭军队又集结城内,使州城难以容纳,为加强对倭寇防御,官府决定增筑新城。新城以南望江楼为南门,从南望江楼两翼建城墙,分别向东、西延伸,再北折,几在垂直方向,东接原州城之东南城脚,西接原州城之西南城脚。在接原州城东西门不远处,分别设东、西两便门,以便行人进出。建新城后,原南濠河成为城内之河,东、西两便门建新城两水关,新城另一水关为望仙桥下河道出城处,位于兴国寺之东南。

新城系采剑山石筑成,城周七百六十丈,高一丈九尺,埤堄一千零六七十堵,亭障九所。万历二十六年(1598年)动工,翌年竣工。新城构筑完成,使城总面积增加五分之二,扩大了州城面积和容量。加筑新城后,州城平面形状有了较大的改变,由方形变为倒葫芦形。葫芦,不仅被汉族人视为吉祥物,也被一些少数民族视为吉祥物。因此,葫芦也成为多种艺术常用的题材,或用各种质地材料做成葫芦形状。通州官府把州城构筑为葫芦形城,是期望能够给通州民众带来平安吉祥、幸福安康的生活。新城的构筑,在抗倭护民中发挥了重要作用。

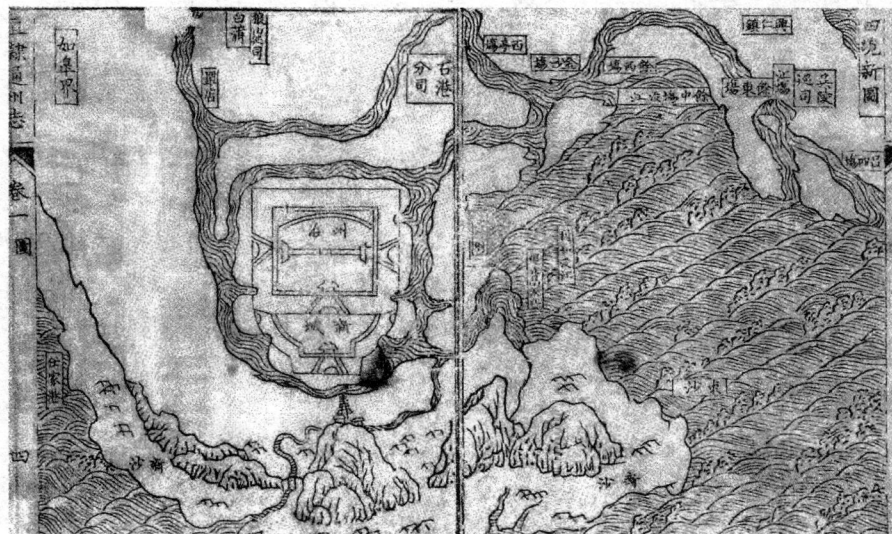

图2-2 清乾隆《直隶通州志》四境新图

新城墙体虽为石驳,但墙内仍为沙土,城墙难以坚固,遭遇淫雨城墙容易倾圮。康熙元年(1662),总兵柳同春伐军山松千余株修新城,其后新城失修,至乾隆时已废。新城延续的时间并不太久,大概是当时抗倭形势紧迫,新城构筑时间较短,没有按照中国传统的筑城技术实施,致使新城建成使用一百多年后就倾圮。但四周濠河却有幸留存下来,并一直保留至今。

三、州城市井

封建社会构筑城池,主要目的是军事防卫,保卫国家的领土及居民安全,通州城也是这个目的。在相当长的时期内,州城是个边地军镇,也是防御的军城。因此,早期的文化大多与军事有关,境内多军事文化遗存。从明代开始,通州城经济有了较大发展,社会较稳定,城市扩大,市井生活也趋于繁华。

1. 城防文化遗存

狼山驻军石刻。1976年3月,在狼山山脚下整理上山石阶时,出土北宋大中祥符五年驻防军队题名石刻一方。石刻高54厘米,宽30厘米,厚7厘米。"大中祥符"是宋真宗的年号,"大中祥符五年"为1012年。巡检司是掌管沿江、沿海、沿边要害之地防务的军事机构。这方石刻,说明狼山在军事上的重要地位。它记载了驻防部队的兵力配备,不仅有番号、人数,还有具体人名,是很有价值的军事史料。

四贤祠。四贤祠于明嘉靖十四年(1536年),由通州判官高节初创于狼山葵竹山房,因祠倾圮,清康熙六十一年(1722年)由通州进士移建于军山。四贤祠奉祀的是宋代四位名贤,也是四位名臣——范仲淹、胡安国、岳飞和文天祥。他们与南通相关的任职时间虽不长,但都留下了深深的历史足迹。其中宋高宗建炎四年(1130年)金兵攻陷楚州,通泰镇抚使岳飞与金兵大战通泰地区。

金将军墓。南宋德祐二年(1276年),文天祥一行出使元军营,因和谈不成遂逃出,由京口(镇江)过江到扬州,经高邮、泰州,至通州渡海南归。至通州城后,其随行江南西路兵马都监金应将军病倒,经医治无效,遽然病逝。金将军去世后,灵柩葬于通州西门外雪窖。清顺治十六年(1659年),墓被水淹,遂将墓迁至狼山东麓山脚,称金将军墓。

渡海亭和义马墓。南宋德祐二年(1276年),文天祥从通州石港经卖鱼湾,乘船渡海南归勤王。清乾隆年间(1736—1795年)在渡海处建亭,年久亭圮。民国四年(1915年)张謇复建渡海亭,并立《重建宋文忠烈公渡海亭记》碑。1983年又重建,亭为六角形,宝葫芦顶,高6米。文天祥在通州遗迹还有"义马墓",文天祥南归,其乘骑留通州,此马逃到观音山,悲嘶不食而死,人称"义马",葬于观音山。

地名是文化的符号。通州城建同军防有关,城四个角建有军队营房,以守卫这座城市。随着时代变迁,其历史痕迹却留在巷名中。

营巷。巷名凡用"营"字的,都是与驻军有关。城内有四条巷子,分别为西南营巷、东南营巷、东北营巷和畚箕营巷。西南营巷最长,从南城门口到今科技大楼转弯向北,直到西城门口。东南营巷,北从天王庙、马家田向南到城南别业的豁口，是条直巷子。畚箕营是在东南营南头向西一条小巷，传说像畚箕，故名。东北营也是条直巷子，南从东北水关桥（已拆），经过"姚家沙辣子"，直到东北角再向西。

望江楼巷。这是同军事建筑有关的巷名，望江楼都是建在城外两三里地方，是用以瞭望的建筑。通州在明正德年间在南门外建望江楼，明嘉靖年间又建三座望江楼。建造望江楼，一是为了注意江潮会否上岸轰坍土地；二是为了防备倭寇从江上来侵袭通城。但是，这些望江楼建筑已先后消失。最后一座东门望江楼，跨东大街而立，20 世纪 60 年代初拆除。后在那附近命名了一条望江楼巷，今为望江楼花园新村。

将军巷。这是条与军事人物有关的巷名。通州西门外端平桥西头南侧，有条南北向巷子叫将军巷，是为了纪念宋代江南西路兵马都监金应将军。南宋德祐二年（1276 年），文天祥一行从元军营逃出，金应（江西吉水人，字路芬）随文天祥至通州渡海南归勤王。至通州城后，金应病倒，医治无效，不幸病逝。金将军去世，灵柩葬于通州西门外雪窖。清初，金应墓迁至狼山东坡山脚。墓旧址附近巷子改为将军巷。今为将军园新村。

丁古角巷、马房角巷。这是与军事机构有关的巷名。清代狼山总兵署在现南通电影院一带，总兵由二品官担任，比州官还要高三个级品。丁古角是清代总署士兵逢更（初更到五更）打鼓的地方。民国以来总兵署撤销，改为镇守使署，后来民间习惯改称丁古角。该巷从环城南路向北到人民路，是条南北向的直巷子。马房角在总兵署西边，是清代总兵署养马的地方，马场废后成了居民区，故有此巷名。

把总司巷、教场巷。这是与军事机关和军队场地有关的巷名。把总司巷和教场巷在南门外的南大街两侧。总兵署在元代是万户府，明代改为千户所，后又改为参将署，副总兵署，一直是江海一带最高军事机构所在地。在南通未设参将和副总兵以前，大约在嘉靖年间，先设有把总司，其地在原州署东。设了副总兵之后，称狼山把总司，管水师。万历后迁至南门外小教场附近。① 而后才

---

① 孙模：《古名悠悠觅旧观》（下），《南通广播电视报》1994 年 3 月 19 日。

有了把总司巷,这就是巷名的来历。教场巷在南大街东侧,即把总司巷对面,原是军队士兵练兵场。练兵场废置后,名称留在巷名中。

2. 市井生活

南通地区偏处于江海之僻,在漫长的岁月里,江潮海汛曾不断威胁着南通人民的生存,江海大地有过多次海陆变迁。自古以来这里土地相对贫瘠,资源相对匮乏,自然条件较差,在成陆建州县以后的很长时间里经济文化远落后于周边的苏州、扬州,但南通人民没有形成巧取豪夺、争权夺利的风尚,却以安贫乐道的淳朴民风、追求和谐的社会风尚著称于世。北宋大观四年通州知州朱彦所作《海山楼记》称:"其地乌卤而瘠,无丝粟之饶;其民苦癗而贫,有鱼盐之利。"北宋崇宁年间知州杨阜所作《通州图序》称:"讼庭多虚,囹圄空隙,殆有古之淳风。"杨庭秀《谈苑》谓:"通州南阻江,东北濒海,士大夫罕至,居民以鱼盐自给,不为盗贼。讼希事简,仕官者最为逸;士大夫号通州为淮南道院。"①当时通州虽然贫瘠穷苦,却有安定祥和的社会风貌。至明《万历通州志》仍记载着"通州风土庞厚,民俗醇雅,甲诸维扬"。通过这些记载我们可以看到,南通与周边地区相比,其区域文化中对和谐安定更有着非同寻常的崇尚和追求。

南通地区一直是我国重要的海盐生产基地。自宋代以来淮南盐场盐政管理制度屡有变更,但管理机构和转运中心均设于扬州。元代,罗马旅行家马可·波罗来到中国。他担任过扬州的地方官,并到过南通。在《马可·波罗游记》中,他记下了当时南通的社会状况:"傍晚便到达一座名叫通州的市,这个城市面积不大,但一切生活必需品的供应都十分充足。居民是商人,并拥有许多商船。鸟兽的产量很多。该城位于东南方。在它的左边,也就是说在它的东面,相距三天路程的地方,就可以见到海洋。在城市和海岸的中间地带,有许多盐场,生产大量的盐。"

到了明代,南通的地方产业除了盐业,棉业逐步兴盛。丰富的棉产为南通土布业发展奠定基础。明代棉布已是当时通常的衣料。明万历《通州志》

---

① (南宋)王象之:《舆地纪胜》卷四十一,通州。

载,通州士民在弘治、正德年间还是比较崇尚节俭的。士大夫"家居多素练,衣缁布冠",秀才们的衣着是白袍青履,普通百姓也只穿用葛布或太仓本色布做的衣衫。到了万历年间,州城内的富家子弟选择衣料对普通的罗绮还看不上眼,一定要选用美观的"吴绸宋锦、云缣驼褐"。这说明了当年通州的社会经济已较为富庶。

虽然通、崇、海、如地区盐、棉、布生产商品化程度不断提高,但该地风气闭塞,人们的从商意识又很淡漠。明万历州志载:通州风气,"商不列肆,不赶集,不以妇女主店,不久客在外,仅于本土贸迁有无"。到了清初,这种状况丝毫未变。康熙甲寅州志云:通州人"性柔脆,不任劳苦。今适百里,非裹三日粮则废然返";本地外输的棉布基本上都由南京、山东、广东、福建等外地客商集散,南通本地经营土布的多为本小利微的散班。

在南通博物苑,有一幅被称作"南通的《清明上河图》"的风俗画——《三十六行风俗图》。它是清代南通市井生活的写照,相传为清代嘉庆至道光年间通州平潮人马曜(字霁亭)所作,形象地展示了清末通州城的市井文化场景。

图 2-3 三十六行风俗图

　　这幅画并非写的南通某处的实景，而是将三十六行作了概括和组合，安排在虚构的河滨地理环境中。画中左上角一处酒肆广告"本铺自造崇川第一名酒"，点明了此画所反映的是古代通州市井小像，而其中蜿蜒而过的河流则应是属于濠河水系的市河了。从这幅画卷上，我们看到有走街串巷、挑担吆喝的补锅、修桶、修秤、硝鞋、磨镜等流动的营生，有舟、车、轿、马等交通工具，如三教九流、医卜星相，应有尽有。而街头的杂技、猴儿戏、民间舞蹈，则是最大众化的民间文娱活动。画中人物的服装反映了人的职业和身份，劳动者都是穿的短袄，士大夫、官员则是长衫或加上马褂。除了和尚，男人都拖着长辫子，前面的头发得剃光。这些都反映了清代社会经济和社会生活的风俗民情。全画人物达77人之多，各操其业，神态各异，栩栩如生。整个构图疏密有致，布局得当，是我们了解、研究清代市井生活、民情风俗不可多得的珍贵资料。

　　自古以来，南通人民推崇勤俭、孝悌、和睦、诚信，享受平和、安逸、清静，远离奢侈、势利、争讼，这在南通民间是一种普遍且基本的价值取向。以下所列举的清代南通文人笔下的乡乐府、竹枝词，记录了南通民风民俗，与南通人民对和谐美好生活的追寻和颂扬："通州好，比屋解谋生。夹岸柳丝云碓响，万家篝火布机鸣。勤耕又勤织。""通州好，最好是官衙。春满讼庭无雀角，先农幕府有莲花。膏雨更随车。""通州好，风俗冠三吴。杏子杉红羞倚市，鸦雏鬓渌耻当垆。中馈事翁姑。""牡丹开花任人摘，枇杷结子唤客尝。""油然孝友由天性，儿小何曾读过书。"[①]

　　自然环境形成了南通顺应自然、安贫乐道、追求和谐的社会风尚和价值取向，使南通能够在经历自然的沧桑变迁并在王朝的更迭过程中保持了较长时间的安定局面，甚至有了"淮南道院"、"崇川福地"这样的称誉。

---

①　季光编注：《崇川竹枝词》。

第三节　闻名遐迩模范城

19 世纪末，流淌了近千年的濠河卷起了新的巨澜。此时，清末状元张謇以通州为基地，开始实业救国教育救国的伟大实践，通州开始步入近代辉煌期。从 1895 年唐闸大生纱厂创办，到 1926 年张謇逝世，前后用了大约 30 年时间，南通由一个封建闭塞的小城跨入近代城市行列，其间曾拥有"模范县"美誉。当时，全国有 1700 多个县，能够进入近代城市行列的仅 100 多个，其中不乏帝国主义的独占地、租界，或早期开埠城市。[①] 然而，南通却是中国人依靠自己力量建设的、没有殖民主义烙印的城市。

一、状元兴邑

在南通近代城市的建设过程中，南濠河一带是城市营建和发展的重点区域。这个城市的领导者和总设计师就是近代著名实业家、教育家张謇。

1. 近代南通城市建设的领导者——张謇

张謇（1853—1926），字季直，号啬庵，江苏海门人。近代著名爱国者、实业家、教育家。张謇是 1894 年甲午科状元，曾任江苏省咨议局议长、民国政府实业总长、农商总长兼全国水利局总裁。张謇是中国近代"实业救国"思想的代表人物，是近代民族棉纺织工业的奠基人之一。他创办的以大生纺织公司为核心的企业集团是近代民族工业的翘楚；他开发滩涂，改良盐业，推广植棉和棉种改良，推动了苏北

图 2-4　张謇

---

① 编写组：《中国建筑史》（第二版），中国建筑工业出版社 1990 年版，第 218 页。

沿海垦区的形成;他倡导"父教育而母实业",为南通构建了较完整的基础教育体系;他以"地方自治"为号召对南通进行了全方位的经营,通过科学的区域规划,大规模的水利、交通、市政基础设施建设,以及大批新型社会公益事业创设,使南通从一个落后的小邑转变成一个名闻遐迩的近代工商业城市。张謇的爱国主张和救国实践对中国近代化进程产生了持久深远的影响。

清咸丰三年(1853 年),张謇出生于江苏海门常乐镇一个小户人家,他自幼聪颖,4 岁入塾,13 岁能制艺成篇,1869 年考中了秀才。1874 年,张謇赴江宁发审局任书记,两年后入淮系庆军统领吴长庆幕府任机要文书。1882 年,朝鲜发生"壬午兵变",张謇随庆军入朝平定乱事。其间张謇参与机要。1884 年,吴长庆病故,张謇回乡筹备科考。次年,他应顺天府乡试,考中"南元"举人。张謇的才华得到潘祖荫、翁同龢、张之洞等头面人物赏识,但他的科举之途颇为坎坷,四次会试均落第。1894 年,他终于通过会试、殿试,高中状元,授翰林院修撰。

张謇"大魁天下"后不久,中日甲午战争爆发。面对战争的败势,张謇愤而上书弹劾怯战求和的李鸿章,并以其对日朝形势的熟悉,不断为翁同龢等"主战派"献计献策。9 月,张謇因父丧回乡守制。1895 年年底,张之洞奏派张謇在通州设立商务局,创办大生纱厂。面对严重的民族危机,张謇逐步形成实业救国、改革维新的主张。他曾代张之洞草拟《条陈立国自强疏》,为自强御侮出谋划策。随着维新运动的蔓延,张謇又提出《农工商标本急策》等策论,并参与翁同龢为首的"帝党"变法活动。戊戌变法失败后,张謇参与"东南互保"的策划,著《变法平议》,但其主要精力放在兴办南通的实业教育事业上。1903 年,张謇东渡日本进行了 70 天的考察,亲身感受到日本明治维新带来的社会变革。回国后,他积极鼓吹效法日本实行君主立宪。1906 年,张謇等发起成立了预备立宪公会推动立宪;1908 年江苏省咨议局成立,张謇被公推为议长;此后,他联合各省咨议局发起立宪请愿活动,成为清末立宪派的领袖。

1911 年 10 月武昌起义爆发,革命形势迅速蔓延。张謇审时度势,毅然放弃立宪转向共和,实现了一生中最重要的政治转变。民国临时政府成立后,张謇被任命为实业总长兼两淮盐政总理。1913 年,张謇出任"名流内阁"农商总长兼全国水利局总裁。此间他主持制定了一系列促进经济发展的政策、法令。次年,鉴于袁世凯称帝野心日益暴露,张謇托事南归,后正式辞职。经历了多年政坛起伏后,张謇深感"中国政界亦无有为我发展之地者,为志在求一县之自治"。他以个人的威望和影响,在南通集中社会资源开展了大规模的建设行动,全力实践他的救国主张。

1922 年以后,在政局动荡、外企竞争、金融危机、市场丧失等因素作用下,大生企业系统陷入困境。晚年的张謇仍为南通各项事业操劳、奔波。1926 年盛夏,张謇不顾年老体弱视察江岸保坍工程,不幸染病不治,于 8 月 24 日与世长辞,终年 73 岁。

2. 一个近代城市的兴起

1895 年,张謇在唐家闸创办大生纱厂,揭开了南通近代化的序幕。大生纱厂历经种种艰难曲折,最后终于创建成功,并成为南通地区的龙头企业,带动其他相关企业的发展。"在民元前后,南通已从长江北岸的一个偏僻、闭塞的封建州城一跃而成为长江三角洲地区及江苏境内仅次于上海的第二大工业城市,其影响令全国瞩目。"①至 20 世纪 20 年代初,南通建成了以大生纺织公司为核心的包括工业、交通、贸易、金融的 37 家企业,淮南沿海建成了 20 家与之相关的盐垦公司,形成了资本额达 2483 万两白银的企业系统,②为当时中国最大的民营资本集团。

张謇认识到城市发展需要建立在科学规划的基础之上,而规划的基础是测绘。为培养测绘人才,1906 年,张謇在通州师范学校附设了测绘科,1908 年 1 月,测绘科 43 名学生毕业,张謇以测绘科毕业生为基本队伍,建立了通州测绘局,亲自担任局长,开始对南通全境进行大规模地理测绘工作。南通开全国科学测绘之先河。1908 年,张謇继而在通州师范学校设立了土木工科,继续培养工程技术人才。

---

① 虞晓波:《比较与审视——"南通模式"与"无锡模式"研究》,安徽教育出版社 2001 年版,第 56—57 页。

② 编写组:《大生系统企业史》,江苏古籍出版社 1990 年版,第 204—208 页。

张謇认为,"实业教育,富强之大本也。"要强国富民,必须兴实业、办教育。在实业与教育的关系上,他实行"实业与教育迭相为用"的方针。他认为实业和教育是一对伴侣,密不可分、相互依赖,实业是教育的后盾,为教育提供资金;教育是实业的基础,为实业提供人才和技术。大生纱厂开工后不久,张謇即开始筹备建立新式学校。到1914年短短6年时间全县已建立215校。此外,张謇还陆续创办了幼稚园、中学、中专、大学等。据统计,"1916年江苏省入学儿童与学龄儿童的比例为13.36%,而南通地区从1903年至1920年入学儿童与学龄儿童的比例为32%。1933年教育部通饬《扩充小学之经济法》宣称,1929年全国失学儿童高达82%以上,而1922年南通学龄儿童的就学率当不低于50%。"①南通基础教育已走在全国前列。

除此之外,南通还兴建了纺织、医学、农业、商业、水利、船政、刺绣、戏剧等一批高等学校和职业、专科学校,在南通形成了一个从普通教育到职业教育、特殊教育,从学前教育到高等教育的完整的教育体系;兴建图书馆、博物苑、更俗剧场、伶工学社等文化设施;开办了育婴堂、养老院、贫民工厂、残废院、栖流所、济良所、医院等慈善事业,新建了大批交通、水利、气象、市政、公共设施。南通在二十多年时间里,从一个默默无闻的小县邑转变为一个布局合理、功能完备、驰名中外的新兴工商业城市。张謇曾自豪地说:"南通县者,固国家领土一千七百余县之一,而省辖六十余县之一也。以地方自治、实业、教育、慈善、公益各种事业发达,部省调查之员,中外考查之士,目为模范县。"②

二、南濠营治

南通近代城市建设过程中,其古城则因防御功能的弱化,渐成城市交通的阻碍。1922年,瓮城及大部分城墙被拆除,仅留下三座城门。防御功能消

---

① 转引自崔荣华:《张謇的大教育思想体系》,《南通师范学院学报》2002年第3期。
② 《张謇全集》(第四卷),江苏古籍出版社1994年版,第434页。

失的同时，濠河的其他功能，如航运、用水、灌溉、水产等仍保留，而其景观作用逐步提升。近代南通城市新型设施，如教育、文化、商贸、金融等机构设施集中规划在城南濠河之滨，从而掀起了南濠营治的高潮。

1. 东南濠河文教区

张謇选址东南濠河的千佛寺营建师范学校，开始了濠河的近代建设。这里与旧城仅一河之隔，有濠河胜景，环境宁静，又紧靠州城居民区，这样的校址和环境符合师范学校选址要求。

通州师范学校从1902年6月建设，到1903年4月完工，"担土填河，拓地为41亩，建屋104间，楼172间，廊庑116间"[①]。学校建筑则参考日本及各国教室所定尺寸，结合通州具体情况略作调整。学校建筑考虑到光线、空气容积及座椅舒适，使学生能更好地学习。学校最重要的是师资聘任、课程设置、教学制度和教学方法等，这些问题张謇都亲自过问，并得到较好的处理。张謇借鉴西方教育制度，在师范附设了小学，建初、高等小学教室各1间，供师范学生实习。1917年，在南通博物苑路西，择地兴建了南通师范第一附属小学新校舍，该小学也地处濠河南岸。

图2-5　通州师范学校远景

① 朱嘉耀：《南通师范学校史》，南通师范2006年编印，第7页。

为师范学校教学需要，1905年张謇规划建设博物苑。苑选址于南通师范学校河西，初征地35亩，经过数年建设，后来扩展到48亩。苑内有中馆、南馆、北馆、东馆、相禽阁、藤东水榭、谦亭等建筑，以及园林设施，苑内广植名贵花木。此外，还有动物园、植物园。这是中国人办的第一座公共博物馆。南通博物苑为集历史文物、植物园、动物园和近代园林为一体的综合性博物馆，其紧邻濠河。宽阔的河水，秀丽的风光，为博物苑建设提供了借景和造景的便利。

为加快学校人才的培养，南通师范学校建校初就附设专科，其中1907年设农科，不久，在博物苑南边建立农业专门学校，后来为南通大学农科。南通农校东面、南面都临宽阔的濠河，使农校校园景观更加秀丽。1912年在博物苑西南建南通医学专门学校、图书馆；为了医校学生实习，1913年在医校附近建立南通医院；1919年在城南望仙桥建伶工学社。这样，在南通城东南基本形成文化教育区。

2. 濠河水利和公园建设

河岸驳石。1902年6月师范学校开始规划建设，濠河筑岸工程也就随之开始。学校基建工程中的筑岸，是在校河周边岸边驳石驳，防止泥土的坍塌，保证土壤不流失，从而减少濠河泥土的淤积，防止河床快速增高。后来，营建博物苑、农校等单位也是这样。凡是临濠河而建设的单位，都有石驳工程。随着张謇事业的发展，濠河边的石驳工程也在不断延伸。临濠河岸边都驳上了石驳。这在早年拍摄的城南别业、女红传习所、五公园中公园等照片上都能清晰地看到。这样，濠河岸线也更加美观。

造水闸。濠河水的控制，原来是靠盐仓坝上的三个等高的水洞调节，使内河得以保持一定高度的水位。但遇曝雨河水太多就无法迅速排出，易遭涝灾；久旱后易有旱灾。建造水闸来控制濠河势在必行。民国初年，南通天生港到姚港一带江岸坍塌严重。为此，张謇上书朝廷、四处奔波，并聘请国外治水专家进行论证，以私人名义聘请上海浚浦工程局的荷兰工程师奈格来通调研，以寻找江岸坍塌原因及对策。1916年4月，张謇聘请荷兰水利工程师特来克先生来通治水，修筑水利工程。濠河水患也随之得到解决。

亨利克·特来克。荷兰人，1890年出生于日本东京。其父乔亨纳司（我国译名"奈格"），为荷兰著名水利工程师，受聘日本治水长达30年；其母名叫玛丽。特来克毕业于荷兰工程专门学校，1916年4月，他受聘于南通保坍会担任驻会工程师。特来克来通后，起早贪黑勘察江岸，于当年4月25日提交《南通保坍计划报告书》，他计划采用塘柴木垫沉石法，自天生港至姚港筑槐12条。特来克设计的水槐后来陆续筑成，收到"分杀水势"的效果，稳定了南通江岸线，保护了农田。

特来克受聘期间，设计了濠河大有坝的西被闸和公园三桥等工程。西被闸于1925年4月建成，闸为一孔，净宽6.73米。西被闸建成后，不但有效控制了濠河水流，避免了水灾和旱灾发生，而且使周边广大地区受益。西被闸"上游紧接运河，下游经任港入江。泄泻积水既畅，吸进江潮尤快，其受益田亩，东至西亭，北至刘桥，西至唐闸，区域很广"①。西被闸建成后，在农田水利方面也发挥了重要作用。他在通工作期间，设计施工水槐10条，水闸3座，桥1座；规划设计的水闸5座，涵洞6至7座，路3条。1918年11月，特来克设计的遥望港九孔大闸开工。1919年春，特来克在张謇陪同下，来到启东县蒿枝港口，设计了著名的合众闸（七门闸）。他还为启东县龙王庙海堤设计了挡浪墙，至今尚存400余米。1919年8月17日，特来克在工作时不幸传染霍乱，在返回南通就医途中去世，年仅29岁。

筑码头。张謇事业的蓬勃发展，促进了商业繁荣。为加强货物运输，张謇积极开拓内河和外江航运，1900年和1904年，先后成立大达内河轮船公司和天生港大达轮步公司。南通城作为地区的政治、经济和文化中心，也成了商品运输和人员来往的集散地。从濠河经通扬运河可抵达苏北各县；经港闸河能入长江，到江南各城市；经运盐河可通吕四等地。为了适应交通航运的需要，在濠河边构筑码头，以满足运输货物和舵客的上下。例如，在和平桥南边兴建了小码头，是唐闸及苏北各县来通旅客及货物集散点；南濠河翰墨林

① 费范九：《南通水利资料》，《南通文史资料选辑》(7)，政协南通市文史委员会1987年编印。

印书局对面的码头,则是各盐垦公司到吕四转乘船来通的下客点。这些码头设施的建立,为南通的物资集散、旅客运送、沟通同苏北各地的联系发挥了重要作用。

五公园建设。张謇对公园情有独钟,1905 年他在东南濠河之滨营建的博物苑,也可说是一座近代公共园林;1914 年他创建了唐闸公园。他说,"公园者,人情之圃,实业之花,而教育之圭表也。"①张謇创设公园,不仅将公园作为休闲娱乐的场所,更多的是把公园看成反映文明程度的标尺。

1917 年,张謇巧妙利用城西南濠河地形,修建了东、西、南、北、中五座公园。五座公园环境各不相同,中公园和南公园是州沚,四面环水;东公园、北公园、西公园是临濠河地块。后来,在中公园与西公园之间修建了公园第四桥,经第四桥可进出中公园。南公园北侧筑土坝,与连接濠河东西两岸的大坝相连,南公园就通过大坝进出。

图 2-6　南公园、西公园、中公园

① 李明勋、尤世玮:《张謇全集》(第六册),上海辞书出版社 2012 年版,第 422 页。

五公园建设，充分利用濠河水造园。南公园是为老人所建，内有千龄观、与众堂等建筑。夏天，南公园荷花盛开，过路行人也能欣赏到荷花美景。宛在堂有题联："陂塘莲叶田田，鱼戏莲叶南莲叶北；晴雨画桥处处，人在画桥西画桥东。"①这种诗情画意，不正是南公园美景的写照吗？

西公园东临濠河，有竞漕船坞、游泳池等设施，为游园者提供了水上运动平台。这是充分利用了濠河水域宽广的优势，开展水上运动，濠河上出现了动态景观。园内南有动物场，北有通俗演教场。1922年，在西公园建造了高级宾馆南通俱乐部，成为外宾和南通上层人士的活动场所。这座具有古典主义建筑风格的建筑，成为西南濠河的重要景观，落成后的俱乐部，从濠河东岸向西望去，如同水上宫殿。

北公园备有体育器具、茶亭，供人锻炼、休憩。园旁河边有万流亭，经公园一桥就可以走到亭子，这是一座二层八角亭。亭旁停有从苏州买来的一艘三仓的游船"苏来舫"，后来又买来轻便小船，定名"沤舟"，并定做了汽船，题名"星河艇"。这些都是利用濠河自然资源，丰富了公园的休闲服务项目。中公园是以旧奎星楼为基础扩建，保持了传统园林的风貌，四周环绕河水，使园景更加秀美。东公园是专为妇女、儿童开辟的娱乐场所，公园北面、西面也紧临濠河。总之，濠河水使五公园大为增色，五公园为濠河景观增添了文化底蕴。

3. 濠南新市中心

南濠河两岸是张謇按照近代城市理念，在老城区南侧开辟的新区。而在城南一带集中建设，从客观上保存了旧城的风貌，旧城仍保持了原有行政中心、商业、教育、文化和居住的功能。随着建设项目不断增多，近代文化、教育、金融和商业设施在城南濠河沿岸出现，并逐步形成一定的区域和规模，产生文化教育区、金融商业街区构成的新的市中心。

在东南文教区开始建设的同时，南濠河两岸的改造也在有序地进行。南濠河北岸的城墙到河边，仍有近百米的距离，其土地未得到充分利用。1902

---

① 李明勋、尤世玮：《张謇全集》（第七册），上海辞书出版社2012年版，第447页。

年建翰墨林印书局后,又陆续兴建了通泰盐垦总管理处、上海银行、城南别业、南门新市场、淮海实业银行、濠阳小筑、绣织局、女红传习所、通明电气公司;濠河南岸除了师范学校、博物苑,博物苑路到模范路一线还有花竹平安馆、濠南别业、图书馆、崇海旅馆、遂生堂、有斐馆、交通银行、电报局、中国银行等。

1920 年前后,张謇在城西南桃坞路一带规划新商业区。修筑的桃坞路是新式马路,宽二丈余,可行驶汽车、马车、人力车,两边有人行道,栽植杨柳树,杂植桃李树,路旁布置银行、剧场、旅馆、汽车站,和楼上住家、楼下开店的两层市房。1920 年在此建占地 40 余亩的总商会,以及新住宅区。

《通海新报》1921 年 11 月 20 日载:"南通自马路告成,城外西南一隅带圜渐臻繁盛,且外埠商人,纷来营业,大有无处居停之概,因是路工程处规画扩充市场。"南濠河两岸、新城以及桃坞路建设,也促进了南通城市基础设施建设。濠河上的桥梁和周边道路陆续建成,道路有:南濠北岸的濠阳路、环城南路;濠南有博物苑路、模范路、启秀路、公园路、桃坞路等。桥梁有:启秀桥、怡桥、博物苑桥、公园一桥、公园二桥、公园三桥、公园四桥、跃龙桥、铁星桥等。这些路大多是濠河边的道路,路上栽种树木,设置了照明路灯。

南通近代化建设使城市面貌发生巨大变化。《二十年来之南通》,介绍了南通市街之景象:城内及三城门之外直街,俱为改良之市街。纵横十余里,均系碎石彻成。宽丈余,每距十余丈有一电灯。铺檐高约八尺,每街口俱有警察。每日由巡警督率犯人洒扫一次。……新市场在城之西南,俱新式马路,宽二丈至五丈。两边为人行道,中行汽车、马车、人力车。人行路侧即两行杨柳,并杂植桃李之属。……所有南通之银行、大商店、公园、游戏场、俱乐部、书局、学校、俱萃于此,且溪濠综错,俨有西湖之概。十丈一街灯,二十丈一巡警,其守岗室特别新式,可蔽风雨,不啻警察之安乐窝也。其公共厕所也异常清洁。

在南通马路旁的建筑处处可以看到中西文化的相互融通。地处濠河之滨的博物苑、五公园,中国传统文化的表现形式楹联、匾额、题刻等,在欧式建筑上得到充分运用。公园中既有中式造园要素,也有西式造园要素,二者相得益彰，相映生辉。屹立在南通马路的欧式建筑，吸收了西方建筑艺术风格，但其内部仍有中国传统的装饰艺术形式。1922年建于西公园濠河之滨的高级宾馆南通俱乐部落成，当年，中国科学社第七届年会在南通召开，梁启超等许多名流曾下榻于此。日本作家鹤见祐辅在考察南通城市建设后，盛赞"张氏的见识非凡"，惊叹日本东京也"没有这种俱乐部的生活方式"。①

图2-7 南通俱乐部

从南通师范到更俗剧场临街的银行、商贸建筑显得十分耀眼。这些西洋建筑风格的建筑，以其新颖的造型、亮丽的形象、独特的装饰，耸立在新式马路旁。各类近代建筑组成的街景，成为一道亮丽的风景线，给人以耳目一新的感觉。"桃坞路直通市区，两旁为新建的商业建筑及私人住宅和里弄住宅。城市中心地段为几个大型建筑，如总商会、更俗剧场、交易所、百货商店等。这些高大的具有外来形式的建筑，与南通旧城的低矮房屋，造成强烈的对比。"②在南通近代兴建的一系列建筑设施，多采用了西式的建筑形式，或者即使是中式体态建筑也要采用西式的表门和西洋的装饰，俗称"洋门脸"，这在南通当时的建筑上十分流行。这些西式的建筑和建筑形态无声地向民众灌输着现代的理念和开放的精神。通过这种特殊建筑符号，无声地宣告着南

---

① 张绪武：《张謇》，中华工商联合出版社2004年版，第174页。
② 董鉴泓：《中国城市建设史》（第二版），中国建筑工业出版社1989年版，第240页。

通封闭落后历史的终结和一个开放的新时期的到来。

南通近代城市的建设成就，不仅给来通学习参观的人士留下了难忘的印象，也引起了国外媒体的关注。《海关十年报告》是英国殖民者每十年编制一期的报告，其中1912—1921年的一期报告了南通的城市建设情况。"南通州与中国内地城市不同，除了街道比较狭窄外，一切都像上海的公共租界。市内有各种商店，西式楼房到处可见。张謇是使通州发展成为一座中国模范城市的主要人物。他的独子张孝若在市内中央公园有一幢三层楼大洋房。南通商会大楼也是一幢美观的西式建筑。城外的模范路是一条像上海马路那样的很好的道路。通州现有90辆汽车，大都是富商的私人汽车。"[①]其他如美国、日本等国家，也有大量的关于张謇和南通城市建设的宣传报道，这些宣传都大大提高了南通的知名度，使南通在国际上产生了一定的影响。

三、区域中心

通州城自958年建城一直到清末，在将近千年的时间内，城池形状基本没有变化。张謇用了近30年的时间，形成了南通"一城三镇"的格局，这是城市布局上的一次创新。它突破了古代方形城市的平面布局，又不同于沿河城镇随着地形变化的自发式形成，而是一个有明确规划意图的城镇结合，互有分工，城乡相间，特色分明的组团形式，并成为苏北一带的区域中心。

1. 一城三镇的格局

南通的一城三镇，是在南通近代化进程中按照近代经济发展和城市建设的要求形成的城镇布局。"一城三镇"是南通布局的特色，是张謇根据工业交通的要求，因地制宜，包括在发展过程中因势利导的创造。

南通近代城市的建设是从大生纱厂起步的，大生纱厂建设成功，为唐闸工业区的形成奠定了坚实的基础。大生纱厂选址于唐闸，最初考虑到原

---

① 许雪筠：《上海近代社会经济发展概况(1882—1931)》，上海社会科学出版社1985年版。

料资源、劳动素质和交通便利。"厂基历相数处,以唐家闸地介内河、外江之间,交通较便,故定基于此。"①张謇集中于唐闸兴办了大兴面厂、大隆皂厂、广生油厂、阜生蚕桑公司、资生冶厂、资生铁厂等一系列与大生纱厂相配套的工业企业,唐闸由原来仅有几户人家的渡口,逐步发展成为南通的工业镇。

天生港是货物出入港口,并有河道与唐闸相连。唐闸工业的发展,带动了天生港港口建设,促进了天生港镇的形成。1901年张謇在天生港建造码头,1904年建立天生港大达轮步公司,并设立海关。天生港为货物出入的港口,主要为工厂服务,唐闸工业区的生产,直接影响到港口发展。1917年天生港还建立了通遂火柴厂,1920年规建发电厂。

狼山是佛教胜地与风景区,加强五山自然资源的保护,搞好五山基础设施建设,可充分发挥五山风景资源优势。为此,张謇兴建了军山气象台、盲哑学校、残废院等;开辟狼山北麓,维修观音禅院,兴建了赵绘沈绣之楼;在五山区域新建了东澳山庄、西山村庐、梅宅、林溪精舍等别墅。沿五山开挖了小河,以保护山林,他号召在校生每年到五山植树,绿化五山。

南通的工业化为城市化发展奠定了基础。南通在保留旧城建筑的基础上,在南濠两岸、新城及桃坞路进行了建设,一座座近代建筑拔地而起,城市规模在不断地扩展。这些具有欧式风格的建筑,以崭新的姿态屹立于街头,给世人耳目一新的感觉。经过近30年的建设,南通城南和三镇的近代建筑总和超过旧城的建筑,南通进入了近代城市的行列。南通一城三镇的格局已形成。一城三镇互有分工,功能各不相同,城与镇、镇与镇之间,是一个互有分工、互有联系、互相服务的整体。各自在自身的环境中,发挥功能的最大效益,体现了城市规划者和建设者的睿智。

建筑师孙支夏。谈到南通近代城市建设,就不能不谈到孙支夏。孙支夏(1882—1975),名杞,字支夏,晚年常用支厦,江苏南通人。1908年以第一名的成绩毕业于南通师范测绘科和土木工科,是我国近代第一批的建筑师。孙

---

① 李明勋、尤世玮:《张謇全集》(第四册),上海辞书出版社2012年版,第126页。

支夏的建筑设计活动始于 1909 年。时任江苏省咨议局议长张謇推荐孙支夏设计江苏省咨议局大楼,为此孙支夏特意赴日本考察帝国议院建筑。归国以后,孙支夏以此作为参考,完成了咨议局的建筑设计、施工。这是孙支夏第一个成功的建筑设计作品,也是中国近代建筑史上最早由中国建筑师设计建造的新型建筑之一,这个建筑由此奠定了孙支夏中国近代最早建筑师的地位。当时南通的城市建设正处于迅速发展时期,这为孙支夏提供了施展建筑设计才能的舞台。他先后任南通县署技士、南通路工处技士,直接参加了南通城市规划设计工作。张謇创办众多事业,多由他担当建筑和工程设计。孙支夏为南通的近代城市的建设作出了重要贡献。今天,由孙支夏设计的许多重要建筑,如南京江苏省谘议局大楼、南通博物苑、濠南别业、南通总商会大楼,被国家公布为全国重点文物保护单位,南通县钟楼、女红传习所、更俗剧场、军山气象台、濠阳小筑、赵绘沈绣之楼,等等,被公布为省、市级文物保护单位。

图 2-8 孙支夏设计的更俗剧场

1930 年后,孙支夏任杭州工务局、公路局工务员,莫干山管理局一科科长,以设计者和管理者的身份,参加了莫干山别墅建设全盛时期的工作。早在 1917 年,孙支夏就曾应邀造访莫干山,与德国人巴播一起绘制了"莫干山附近图"。孙支夏作为莫干山各项工程建设事宜的管理者,参加了莫干山一系规划举措和山中多处建筑的设计、施工,如肺病疗养院、"静逸别墅"等。[①]1949 年后,他继续参与南通的城市建设和文物维修工作。

2. 区域中心的形成

随着大生企业集团在南通地区的发展,南通周边区域也开启了现代化的历史进程。1901 年,张謇在海门"高天大海间之一片荒滩"[②]"招佃开垦集成公司"[③],建立了农垦企业——通海垦牧公司,经过十多年的农田水利建设,获得成功。此后,张謇等陆续在南通周边地区创办了同仁泰盐业公司、大有晋盐垦公司、大赍盐垦公司、大纲盐垦公司、大祐盐垦公司、大豫盐垦公司等垦殖公司,带动了北自阜宁、南至吕四、东滨黄海、西临范公堤延绵六百多华里的垦殖事业的兴起,一时有四十多家垦殖公司创立。大生纺织公司也制订了增建 8 个分厂的拓展计划,最终建成了大生二厂、大生三厂和大生八厂。随着淮南垦殖事业的推进和大生各分厂的兴办,一批新型乡镇、工厂镇围绕着南通城次第展开。公路交通网也延伸至各乡镇,南通大达内河轮船公司开通航线达十条之多,从南通濠河启航船舶,可达苏北盐城、扬州、阜宁、吕四,以及苏南到镇江等城市。南通作为区域经济中心,所影响和辐射范围已到达苏南和苏中地区。

濠河对于城市的作用十分明显,张謇在兴办企业、学校,开展市镇建设中,借鉴运用了濠河的模式。南通是苏北水乡,水资源得天独厚。大生纱厂选址于唐家闸陶朱坝,这里是港闸河与通扬运河的交界处。大生纱厂西北面为港闸河,东北面为通扬运河,西南面的里河与港闸河相通,并拐弯沿着东南面前伸,并有支河延伸到厂内。这样,大生纱厂四周都被河水所围,这就形成

---

① 李南:《莫干山》,同济大学出版社 2011 年版,第 44—45 页。
② 曹从坡等:《张謇全集》(第 3 卷),江苏古籍出版社 1994 年版,第 384 页。
③ 《张謇全集》(第 1 卷),第 50 页。

了一种"濠河"式格局。

张謇所创建的企事业单位,除在城内的以外,基本上是这种"濠河"模式。这是因为新建单位四周环河,有利于安全,便于做好保卫工作;开河所挖泥土加高地基,使地势高爽;货运船舶能直接驶到厂内或厂边,运输成本低;单位旁边有河,便于单位用水;南通多雨,河道可以作为出水、储水的通道;水面积大的地方,还可开展水中养殖、种植等。总之,采用"濠河"这种形式益处很多,有利于单位的生产、安全和职工生活。

张謇在黄海边兴垦牧,也把这种模式带到各垦牧公司。例如,通海垦牧公司"六堤办事处四周围有宅沟,仅在前面留一条小坝与外界相通"。"通海垦牧公司总公司(又称总办事处),在海复镇东北不到二里路处。总公司的四周有宽六七丈,深七八尺的围沟,围沟内占地二百亩。"①"大有晋公司的三余镇,是更为典型的规划小镇,其四周有数丈宽的护镇河,河上建三座大桥与镇外相通。"②今天江苏省文物保护单位、启东市东南中学,前身系张謇于1920年所创办的"垦牧乡高等小学",仍可以看到当年的"濠河"模式。

近代南通城汇聚和吸收了各方精英,并大量培养科技、工商、教育人才。1903年,联合海门、如皋、泰州、泰兴等县成立的通崇海泰总商会,会员达数万人。随着南通各类学校培养的毕业生就业的步伐和公路、运河、电话线的延伸,南通将近代化的成果源源不断地输送到周边地区。一批小城镇的规划与建设,与南通城组成了一城多镇、城乡结合的多层次的城镇格局。南通迅速跨入近代城市行列,并成为全国的模范城市,南通的知名度和美誉度大大提高。南通发挥了中心城市的作用,其势力直接延伸至广阔的江北淮南,"宛然有为江北一带之首都之现象"③。

3. 光耀史册的丰碑

南通一城三镇、城乡相间的空间格局,是近代城市规划建设的创新,是近

---

① 邱云章口述、姚谦记录《通海垦牧四十年》,政协南通市文史资料编辑部1991年编印。

② 姚谦:《张謇与南通城建》,《崇川文史》(2),崇川文史编委会1995年编印。

③ 驹井德三:《日本驹井德三的张謇关系事业调查报告书》,政协南通市委员会文史资料研究委员会,1963年。

代城市建设史上的一座丰碑，并被载入中国城市建设史册。

19世纪20年代初，张謇领导的南通城市建设取得了令世人瞩目的成果，吸引了世界各地许多闻人、学者、游客，还有新闻记者专程来到南通，并留下了对南通城市面貌和建设成就的大量记录，也引起了专家学者的关注，出版了调查研究报告和著作。如《密勒斯评论报》1920年5月22日曾以《不受日本影响的南通天堂》、1921年3月26日以《张謇：中国城市的建造师》、1923年3月17日以《中国实业之进步观——中国模范城南通州》为题对南通进行了长篇报道，英国人戈登·洛德提交的《1912—1921年海关十年报告》、1923年日本人鹤见祐辅出版的《偶像破坏期的中国》、1923年日本人驹井德三写成的《张謇关系事业调查报告书》等都无一例外地对南通的城市建设和社会发展给予极高的评价。

1982年出版的《中国城市建设史》下篇第四章第二节为"南通的发展"，书中指出："南通是近代随本国资本主义发展而发展起来的"，区别于由"租借"发展起来的大城市、帝国主义独占的新建城市和新发展的旧城市；南通"城市有一定的规划和建设的意图，在建筑面貌上也较完整统一……在他控制下的南通，发展上也就与一般资本主义城市有所不同，有点像欧洲中世纪的'城市国家'。这是中国近代城市史中一个很特殊的例子"。1988年出版的《中国大百科全书》"建筑·园林·城市规划"卷，有关于南通在中国近代城市建设地位的论述："鸦片战争以后……中国也出现了新的城市规划学说……在实践方面，特别值得一提的是南通的城市规划和建设。1895—1925年，在中国实业家张謇的推动下，南通为了发展近代工业和航运，开辟了新工业区和港区，建立了多核心的城镇体系，旧城内辟商场、兴学校、建博物馆、修道路，进行了近代市政建设。"

2002年，中国城市规划的权威、两院院士吴良镛将南通与西方同时代城市和近代中国同时期城市进行对比，认为张謇所经营的南通在城市建设及其理论方面更具典型性和相对完整性，具有"中国近代第一城"的地位，他说："南通是中国早期现代化的产物，它不同于租界、商埠或列强占领下发展起来的城市，是中国人基于中国理念，比较自觉地、有一定创造性、通过较为全面的规划、建设、经营的第一个有代表性的城市。"①

　　以往的辉煌已经铸就成历史,成为留给后人的遗产,保护文化遗产的重任则历史地落在当代人肩上。南通以历史悠久,文化底蕴丰厚,近代城市建设特色突出,2009 年 1 月,南通被国务院公布为国家历史文化名城,成为国家第 111 座历史文化名城。

---

　　① 　吴良镛:《张謇与南通"中国近代第一城"》,中国建筑工业出版社 2006 年版,第 14 页。

第三章 河之秀：东南胜会

如果说狼山使南通这座城市佛光普照、挺拔峻秀，那么濠河则为别称"紫琅"的南通增添了灵秀之气、翡翠之光。濠河两岸景观更加丰富，林木更加葱郁。亭台桥榭掩映其间，画舫游艇荡漾水中，展现着迷人的风情。清末状元张謇曾在《南通公园记》中如此描述濠河美景："时乎和春霁秋，烟朝月夕，微风动波，映树明瑟，凫鸥翔泳，若在镜中。时乎霸风夜号，朔雪晨缟，澜波撞搪，声澈岸屋，山林塔宇，城堞参差，迤逦平原，寒光莹汉。综四时而不同，亦东南之胜会也。"

濠河的每一处细节都充分展露着南通的独特风韵，传承着历史与记忆，水波流转之间，城市在盈盈水面上闪着光芒，仿若一幅正在徐徐展开的文化长卷，在不断给我们带来惊喜的同时，更展示出一种风景、一种品牌，书写成一种文化、一种风采。

第一节 十里画廊秀甲江东

濠河是南通城市演变进程中的坐标，与南通城相伴相生历时一千多年，随着时代的发展,它的防御功能消失,却仍在发挥着水利、养殖、休闲等诸多综合效益。濠河水清如镜,自然风光优美,拥有江鸥、野鸭、鱼鹰等自然生态群落。濠河两岸有天宁寺、文峰塔、博物苑、五公园等名胜古迹,有张謇、李方膺、赵丹等名人故居,还有濠东绿苑、濠西书苑、环西文化广场、文化宫等新兴的文化娱乐场所和旅游景点,以及 28 座桥和各种名木古树。丰富厚重的人文景观,秀丽典雅的自然风光,两者交相辉映,显得格外妩媚多姿,沿岸美景让人目不暇接。

濠河风景区可分为东南濠河、西南濠河、北濠河三大景区。根据各个景区的风景特点,今人概括为"濠河十景",分别是五亭邀月、绿苑探幽、仙桥绿堤、北阁波光、文峰晨霭、天宁闻钟、五园揽翠、别业双辉、启秀风荷、怡园泊舟,而它们周边的景观也是濠河文化的精彩之处。

一、怡园泊舟

这里是南通近代文化教育的始点,是南通红色革命的摇篮,也是濠河文化的兴盛之处;这里有 1902 年创建的中国第一所师范学校——通州师范学校,有 1905 年创建的中国第一座公共博物馆——南通博物苑。这里还是南通地区最早的党组织之一——中共江苏省第一代用师范(通师)支部诞生纪念地……怡园园小树高,浓荫扑地,面对广阔濠水。水面画舫雍容,小舟闲逸,稳泛中流,构成了濠河东南角一道独特的优美的风景线。

怡园、怡亭和怡桥。濠河东南,可见到一座新修建的五孔大石桥。大桥两旁的石栏上置有 44 尊小石狮,神态各异。此即为怡桥。1952 年,为表达对通师老教师顾怡生献身家乡教育事业近半个世纪的感激之情,南通师范学校师生合议在学校至南通博物苑河堤上建怡亭,下有小桥。20 世纪 60 年代,桥亭均毁。21 世纪初,配合濠南路改造,怡桥得以重建为五孔石拱桥,今在怡桥之东新建了怡园,其内亦有一座怡亭,为中共江苏省第一代用师范(通师)支部纪念地。

怡园位于怡桥东面,四面环水,园北面正当南濠河水面最宽阔处,南面的河塘称为"月潭"，池中红荷绿叶，景色宜人。怡园内树木葱茏，乌桕、黄杨、紫薇等郁郁葱葱。怡园边的近水平台伸向濠河，可让游客在此登上龙舟，畅游濠河。怡亭、怡桥、怡园，如珠联璧合，似妙手天成。

　　藤东水榭、谦亭。从怡园向南，走过怡桥，便可见南通博物苑东侧，紧临濠河有一座古朴精巧的建筑，其西架起藤棚，数株古藤攀援而上，枝叶蔓生，野趣盎然，是为藤东水榭。1913年落成之时，张謇为之题楹联两副，临水一侧题："待其送夕阳迎素月，若已窥烟液临沧州。"西侧则题："归来闲指乌藤说，与子更醉青萝阴。"当年张謇偕客游苑，往往在这里设宴款待，无论是赏景或是休憩，这里都是绝佳之处。1928年8月，中国科学社第七次年会在南通举行，曾假座藤东水榭开会，融融一堂，盛况空前。谦亭位于藤东水榭的南边，这座坐北朝南的凹字形平房，当年是为师范教师休养而设的。1917年，沈寿曾来此养病，后制作发绣"谦亭"一桢。在沈寿去世后，张謇将其中一厢定名为"味雪斋"，以资纪念。

　　人民公园桥。人民公园桥建于民国后期，初建时是一座木质桥梁，因紧邻南通博物苑，最初被称为"博物苑桥"，新中国成立后利用博物苑建立人民公园，而有现名。2009年9月新建的公园桥满足了现代交通的需求，但公园桥那灰与红的主色调，以及桥上旧式的街灯与百年博物苑似乎还存在丝丝联系。

二、文峰晨霭

　　经怡桥往南，在濠河的东南隅，有文峰塔。文峰塔前的盐运河紧接濠河，晨霭起时，塔出林稍，如梦如幻。古代文人多喜流连于此，放舟桥畔，塔映水中，清代姜长卿《崇川竹枝词》中云："官禄宫高气运关，三元桥锁水中澜。五峰对着文峰塔，漫说柴墟笔架山。"[1]今日文峰塔下的三元桥畔，文峰塔院有五百年罗汉松，有个簃艺术馆、南通书法国画研究院、南通市文联等，对面有塔影桥、文峰公园、纺织博物馆等。

---

　　① 季光编注：《崇川竹枝词》，第27页。

图 3-1 文峰塔

文峰塔。南通文峰塔位于城区东南濠河畔,始建于明万历年四十年
(1618 年),为"补山水之形胜,助文风之盛兴"而建。塔高 39 米,覆青筒瓦,白
墙红柱,仿楼阁式。砖木结构,五级六角,每级均有小室,每面一门两窗,内设
扶梯,外有护栏。飞檐翘脊,饰以龙首、仙人、走兽,系以金铎。塔顶有刹,高
10.33 米,刹座作覆钵形状,上置承露盘。刹杆穿以七重相轮,顶由仰月、圆
光、宝瓶构成,并用铁索与塔顶相连,使宝塔显得庄重华丽,挺拔高耸。塔身
砖砌,每层塔门似隐似现,上下交错,六角攒尖顶,塔刹细长,上有相轮七重,
腰檐伸出较长,檐角向上反翘,古朴优美。2011 年,文峰塔被公布为江苏省文
物保护单位。

风铃轩。风铃轩位于文峰塔下,它围绕着文峰塔成半抱之势。风铃轩于
1983 年建成,入门有一棵茂盛的素心腊梅。天井中还有丹桂、海棠等花木。
沿着风铃轩东边走廊又进入一天井,天井内栽有箭竹、腊梅、紫荆等。天井东面有小轩,再往东去是三间斗室,各有一片斗方天井,天井中各长有一棵香樟。风铃轩现为南通市文联的办公场所。

三元桥。三元桥建在东濠河上,毗邻文峰塔,曾是南通最美的石拱桥。桥有三拱,中拱高大,与河中的倒影形成三个完整的圆。每当明月当空,塔桥相印,倒映在濠河水中,宛如人间仙境!清代诗人保大章有一首《夜泊文峰塔寺前作》云:"三元桥畔是知津,小住鱼床作比邻。塔影倒悬明月里,扁舟一叶一诗人。"生动地描写了濠河东南端幽美宁静的环境。三元桥为明崇祯中张元芳始建。三元桥已经多次重建。近年改建,加宽加长,已难追寻旧时风光。

文峰公园。三元桥东,文峰塔南,有一座以田园神韵取胜的公园,这就是1989 年建成的文峰公园。此园三面临水,东边与纺织博物馆相连。占地近10 公顷,除园畔流过的濠河外,园内与濠河相通的河面就有 3.3 公顷。园内现有游乐场、动物园、长春楼、中日友好石碑等设施、场所供游人参观、游玩。

三、启秀风荷

自三元桥向西,便到启秀桥。启秀桥南,圧田荷叶无穷碧。尤其是夏日,桥上观荷,风翻绿衣,暗香浮动,妙不自寻。加上启秀桥北,博物苑中九曲桥,启秀桥西,南通大学教室楼上,入夜灯火交映,站于映红楼水榭,透过亭亭风荷,远远望去,有如人间仙界。

启秀桥。启秀桥位于三元桥西边。当年为便利与市内的交通,张謇在通师门前向西至对岸博物苑南侧筑一长堤,堤中段建一单孔石桥,这就是最早的启秀桥。往昔《二十年来之南通》一书对启秀桥曾有如此精彩的描述:"彼启秀桥者,盖位于似苏堤而非苏堤之大学路者也。前有宏敞之农大校舍,后有古雅之师范屋宇,有隐约之狼山,有巍峨之钟楼,更有文峰塔、三元桥诸胜于与之遥相映衬。"后经屡次改建,至 2004 年启秀桥已成九孔钢筋砼桥,桥身卧于长堤,成为东南濠河一景。

启秀别业。启秀别业建于 20 世纪 20 年代初期。为张謇之子张孝若别业,1928 年 3 月张绪武先生出生于此。后曾为南通医学专门学校外国专家宿舍。启秀别业为二层砖木结构楼,坐北朝南。该别业面阔三间,前有走廊,东南角附楼梯间,楼房中室北侧外加厨房,建筑面积356平方米。风格简洁,中西合璧,是近代南通具有代表性的别墅建筑。为市文物保护单位。

南通图书馆。位于启秀路9号。该处被认为是静海军故址,地势高爽,上有东岳庙。1912年,张謇"举私家之藏书公诸其乡",改庙建图书馆,有图书楼、阅览楼、厢楼、曝书台等,到1924年,藏书中有中文15万册、西文600部、日文300余部,其中张謇所捐书籍占十之六七。新中国成立后,建启秀楼为藏书楼、静海楼为古籍楼,其中藏古籍16万册。原图书楼现已移建于今南通博物苑内在原址略南,改为坐西向东。

南通农科大学校舍。张謇于1906年设立的通州师范学校农科,后改为初等农业学校、甲种农业学校,1919年改称农科大学,先后称南通大学、南通学院农科,1952年并入苏北农学院。原校舍分布在启秀路南北两部分。现存路北两栋农科高中部校舍,位于南通博物苑内。为二层砖木结构楼房,其外形、结构及体量相同,均坐北朝南,呈一南一北布局。小歇山式屋顶,上铺蝴蝶瓦,混水砖墙。南楼中间为过道,楼梯沿两侧墙向上;北楼在中室为折返楼梯。建筑面积为706平方米。为市文物保护单位。

南通大学医学院。南通大学医学院地处市中心风景秀丽的濠河之畔。东倚文峰公园,北与南通博物苑毗邻。南通大学医学院的前身为1912年3月,张謇、张詧创建的私立南通医学专门学校。1927年,改称医科大学;后为南通大学、南通学院医科。新中国成立后部分改建为南通医学院。现校园内绿树成荫,鸟语花香。院内6.6公顷的水面,波光粼粼,碧波荡漾。长达1000余米的林荫小道环绕水边,与白墙红顶的建筑楼群交相辉映,构成了美丽而幽静的校园环境。

太平兴国教寺大殿。太平兴国教寺又名东寺,位于南通城区启秀路。始建于南宋乾道二年(1166年),重建于明洪武四年(1371年)。寺内原有地藏殿、金刚殿、朝官殿等。现存大殿建筑宏伟,为九檩歇山式大型建筑。1982年被公布为江苏省文物保护单位。

四、仙桥绿堤

南濠河之水在望仙桥处一分为二，外支流向东濠，内支进入公园，三座不同风格和材质的小桥将自然弯曲延伸的堤坝贯通相连，形成了人们慢跑、步行和自由活动的绿径小道。这里花木扶疏、绿树掩映，亭台水榭、风光旖旎，别具一格的小桥流水，富有流动感的优雅环境。此地曾是古代南门外望仙桥下濠水流经之处，曾以"仙桥云影"列入"通州八景"之一。现今虽然老桥已废、河道已变，但"仙桥"遗韵犹存。

伶工学社旧址。伶工学社建于 1919 年，是张謇创办的我国第一所戏剧学校，利用城南望仙桥畔武圣殿原址修建，当时有校舍 60 余间。张謇亲任伶工学社董事长，张孝若为社长，欧阳予倩任主任，主持日常事务，并亲自给学生讲戏剧理论，还进行京剧剧目、舞台艺术和剧场管理方面的改革，在我国戏剧史上享有特殊地位。1926 年停办。伶工学社旧址现存校舍 20 余间，为砖木结构平房。分东西两列，前后各三进，中有走廊相连。其间有古银杏三棵。为市文物保护单位，现经整修，对外开放。

白雅雨故居。位于南通市南大街东侧，白陆巷 2 号，原望仙桥附近，系清末民初建筑，辛亥革命烈士白雅雨早年曾在此居住。正屋为坐北朝南的二进平房，各 3 间。屋前小院与表门相接，表门系白雅雨后人遵冯玉祥将军之嘱，以所领抚恤金建造。现为市文物保护单位。

体育公园。体育公园是一个以全民健身为主题，具有健身、运动、娱乐休闲、观光旅游等综合性功能的公园。与其他公园不同的是，它更体现南通体育文化特色，凸显奥运精神。公园西部是体育纪念广场，东部是体育博物馆，连接两者的是一条独具特色的"奥运之路"，在弯曲的沿河步行道上，穿插了南通籍奥运冠军和世界冠军的手印、脚印和纪念奥运历史的雕塑，象征通往奥运的成功之路。

五松别业。五松别业位于体育公园内，濒临濠河。系木结构两层建筑，建于 20 世纪 30 年代。建造规模与质量均堪称上乘，以青砖砌筑为主，白灰镶嵌其中,细部装饰精美,夹以砖雕花饰,装饰爱奥尼柱式,曲线形山墙上点缀以巨大的烟囱,角楼上穹顶形装饰显示着西洋风情。

兴化禅寺。俗称"西寺",与太平兴国教寺成轴线对称。原为佛教寺庙,始建于宋,后又多次重建复修。现存建筑有山门、前殿、后殿。前殿为歇山式结构,面阔 3 间,进深 5 间,用料粗壮,后殿有卷棚式走廊与后庙巷相连。为市文物保护单位,现已维修,对外开放。

五、五园揽翠

"五园"指旧日"东、西、南、北、中五公园",位于西濠河。即今南公园、少年之家、总工会、西公园及文化宫一片。张謇于 1917 年在濠河西南,主持营建了东、西、南、北、中五座公园。建成之时,张謇自撰《南通公园歌》以遣情怀。时至今日,南通"五公园"大都依旧绿树掩映,草木青华。河岸绿树环绕,水面波光粼粼,游人泛舟河上,悠然自得。漫步桥上堤边,脸颊凉风习习,耳畔乐音袅袅,令人心旷神怡。

南通市劳动人民文化宫。位于原北公园。1951 年,由市总工会发起,市政府支持,社会各界捐资、捐物兴建,市建筑工会派工承建,历时 11 个月,于1952 年竣工。陈毅元帅亲笔题写了馆名。文化宫是新中国成立后南通建设的第一个大型文化设施。建筑为内框架混合结构,圆木桩基,钢筋混凝土承台,总建筑面积约 5000 平方米,高 4 层。底层为展览厅,第二层为可容 400 人的交谊厅,第三层为可容 840 人的大礼堂,两侧耳房及第四层作为演职员宿舍、化妆室。现为市文物保护单位。

文化宫桥。民国初,张謇在营建公园时,同时建造了四座桥,分别称公园一桥、二桥、三桥、四桥使之相连。木质的公园二桥使用了 34 年,1952 年,随着劳动人民文化宫的落成,这座桥也被改为钢筋混凝土空心板桥,桥名也就改为文化宫桥。20 世纪末,文化宫桥重建,成为现代化桥梁。

少年宫。由"五公园"中原中公园改建而成。四面环水,苑内亭台楼阁错落有致,迎门造起假山如屏,曲径通幽。园内,西南为适然亭,东南有水西亭;

南有南楼，北有北楼，北楼外有台，楼之下是嘉会堂；西有回碧楼，东有因屋之台；居中者是三层仿古楼，仍称魁星楼。亭台楼阁错落有致，佳卉异石依傍其间，一派旖旎风光。

南公园。亦为"五公园"之一。园内有莲花池，植有荷花。建有五开间的中式楼房，原名"千龄观"，系 1920 年张謇为其兄张詧七十寿辰而建造，当时张氏兄弟邀请城内名流学士数十人来此贺寿，众人年龄总和超过千岁，故名"千龄观"。新中国成立后，环境优美的南公园改为招待所。原国家主席刘少奇、时任团中央第一书记的胡耀邦来南通视察时曾下榻于此。

环西文化广场。环西文化广场占地 2.1 公顷。它结合弓形的地形特征，以露天舞台广场为中心，临水布置，布局整体有序，新颖活泼。露天舞台广场占地 2800 平方米，可容纳 2000 人观演。每年夏季都有"濠滨夏夜"演出活动在此举行。舞台环绕喷泉，附设水幕电影，周边广场可供市民晨练、习舞。在广场临濠河还有一组巨型的花岗岩浮雕《江海风》，浮雕表现的是 14 个南通特色的民间舞蹈，是南通文化的一处集中展示区。

六、别业双辉

站在文化宫桥上，放眼向东可见长桥，再往前分别是张詧、张謇兄弟的别墅城南别业和濠南别业，临濠而立，隔水相望，恰如一兄一弟，悌睦和顺，关照有情。它们是南通现存保护最完好的两幢大型别墅，交相辉映于濠河两岸。这一带又有城市博物馆、中心美术馆、"强国梦痕"浮雕等新迹可寻。

长桥。濠河之上，名气最大的要算是长桥了。长桥横跨南濠河之上，原为通州南城门江山门，瓮城前的吊桥，曾先后称通济桥、纪功桥、南吊桥。它曾是古通州最长的桥，先是木桥，后为加固易木为石，明嘉靖年间倭寇来犯，为御敌计再由石桥改为木桥。明朝末年，由通州名医陈实功捐资将木桥再改为石桥。20 世纪初，长桥一带迅速繁荣，成为通城交通要道。1995 年，改建为钢筋混凝土空心板桥，长 11.2 米，宽 24.6 米。长桥以其宽大于长成为濠河桥梁之一"怪"。

城南别业。城南别业位于南濠河东北侧,建于1902年,是张謇之兄张詧私宅。该建筑坐北朝南,为砖木结构,欧式三层的组合楼三间,有东西耳房,高台阶,前有走廊,是中西合璧的建筑,前后并围以砖墙,形成天井。其东有原上海银行南通分行旧址,为三层欧式楼,两建筑与南通博物苑隔河相望。现为南通城市博物馆东馆。

濠南别业。濠南别业是张謇先生的故居,落成于1915年,由南通著名建筑师孙支夏设计。濠南别业坐北朝南,气宇轩昂。外观为英式府邸形式,红色铁皮屋顶,设有气窗;青砖墙面、白色灰缝、朱漆门窗,窗框上以红砖砌成拱形装饰;楼上东南西三面有廊,向南有突出月台。北立面高大的连拱砖柱门厅,笔直的墙体,拱形与圆形的窗洞,庄重肃静,与南面的开朗气派形成对比。濠南别业作为近代中国吸收西方建筑艺术、运用新型建筑材料的成功范例已载入了中国建筑史。

图3-2 濠南别业

濠南别业还有一西楼，位于南通市启秀路 3 号。该建筑砖木结构，共三层，一层为地下室，二、三层为生活用房，曾有天桥与濠南别业相连。现为市图书馆用房。

强国梦痕浮雕。在濠南路靠濠河的一侧，利用濠河的档墙，有巨幅浮雕"强国梦痕"。这幅长 69 米、高 1.5 米的浮雕，反映了从 1895 年到 1926 年间南通工、农、商、文化、教育等各方面发展的历史。巨幅浮雕上再现了大生纱厂、通海垦牧公司、师范学校等 27 座建筑的风采，重现出张謇、王国维、金沧江、李苦李、沈寿、特来克等 18 位与南通有关的历史人物。作品以水平线走向为主，与濠河的水面协调，重现了南通一段值得回忆、值得自豪的历史。

七、绿苑探幽

从"强国梦痕"浮雕向东过怡桥、南园桥折向北，濠河之东有新建濠东绿苑，从南至北，亭台假山，绿树成林，有纵横交叉小径，或没于竹丛，或隐于树荫，或达于河滨，或通于假山石后，处处赏心，处处怡人，一年四季，皆为佳境。苑中又有蓝印花布博物馆、三友馆等馆阁建筑，更助游览。

濠东绿苑。濠东绿苑占地 11 公顷，被人民中路、友谊桥分为南北两部分，依托濠河得天独厚的自然优势，突出人与自然和谐共生的主题，以植物造景为主，点缀柳叶渡、扶渠轩、听渔馆等景观建筑和园林小品，也是南通城的天然氧吧。

范家花园。在风景如画的濠河东南角，有一座古色古香的花园——范家花园。范家花园建于 1931 年，主人为范寅官，江苏东台梁垛镇人。范寅官少时来通谋生，后用积蓄于南园濠河边购地造园。园中临水建有"豁然亭"，取此处濠河水面豁然开朗之意。1992 年，政府园林部门对其进行了恢复改建，在原址上建成一组古典园林建筑，名为"三友馆"。馆内有松屋、竹轩、梅亭，风雅别致。"三友馆"内设"梅庵书苑"，供游人在此品茶、读书、听琴、休憩。

友谊桥。友谊桥，跨东濠河，原为通州东城门宁波门外瓮城前的吊桥，曾名百子桥。近代，东吊桥改为固定的木桥，民国年间又改为混凝土拱桥。

1958年,在东大街、西大街扩建为和平路(现人民路)后改建为单孔石拱桥,改名友谊桥。改建后的友谊桥长17米,宽15米,桥身高峻,桥栏饰以石狮,造型美观。1986年,再次拓宽,在主桥两边增建副桥作为非机动车道,形成三桥并行之态。

文庙。南通文庙亦称孔庙,坐落于友谊桥西。初建于北宋乾兴元年(1022年),历经多次修缮、重建。现存建筑以大成殿为主体,前有戟门和名宦、乡贤两祠,联结东西两庑,构成一个四合大院。大成殿重建于元至正四年(1344年)为重檐庑殿式建筑。殿内梁间彩画系清代修葺时所绘。殿前有月台,围以石栏。东庑外有碑亭、碑廊,收有明清文庙石碑20块。现为江苏省文物保护单位。

城隍庙。城隍庙原在市中心,旧时州衙东南侧,现迁建于市区濠东绿苑北部。据地方志及清光绪十八年《重修城隍庙碑记》载,该庙始建于北宋建隆二年(961年)。现存建筑坐北朝南,保存建筑有正殿、仪门,其间连以甬道,两侧配以廊庑。正殿保存较好,为庑殿式大型建筑,抬梁式木架结构。月梁、瓜柱、斗拱、雀替等木构件均雕刻纹饰,以圆雕手法,饰以莲子荷叶纹和朵云纹等。正殿前还附有六檩卷棚式长廊。为市文物保护单位。

图 3-3　城隍庙

八、北阁波光

"通州无北门"，但通州建城之初建有北城门，存在了 150 多年。到宋政和年间，知州郭凝以濠北"地僻多盗，且有怪"，堵塞北门，从此通州就没有北门了。濠河以北濠河最开阔，最宽处有 200 米。清姜长卿曾有诗咏北濠河风光："宝峰庄近北城楼，楼阁参差胜迹留。一水盈盈三里岸，办舟来赏桂花秋。"北濠桥飞架南北，蔚为壮观，登北极阁城墙观北濠，朝晖夕阴，气象万千。

北极阁城墙遗址。位于南通市环城北路南，为南通老城北城门旁一段城墙遗址。北极阁遗址处古代曾驻军，其上曾建有北极阁，今遗有古城墙、古井口。民国初年，拆城建马路，北极阁被保留。"文革"中，北极阁被毁。遗址现为长方形土墩，四周用块石和青砖驳砌。东西长 37 米，南北宽 20 米，高约 8 米。

北濠桥。由于古时通州城北一片较为荒凉，北濠河水面十分宽阔，建桥不易，城市向北就一直没有形成陆上通道。直到 1964 年，才利用河中原有土墩，分南北两部分，建成一座仅能供行人和人力车通行的钢筋混凝土桥。1998 年，北濠桥改建为五跨间悬臂箱梁桥，长 141.4 米，宽 16 米，是濠河上规模最大的桥梁，犹如一条巨龙横卧在烟波浩渺的北濠河上，气势如虹。

实验中学。乡贤顾儆基先生于 1917 年斥私资创建中英学塾。后几易编制，四迁校址，两建校舍，于 1928 年正式定名为"私立崇敬中学"。1930 年购城内东北营 24 亩地兴建校舍。1989 年，校名更为"南通市实验中学"。近百年来，它培养了数万合格毕业生，其中不乏各界名流。著名电影人赵丹、顾而已、钱千里等从这里的"小小剧社"走向艺术殿堂。校内建有"丹亭"，亭内塑有赵丹铜质半身像，以作纪念。

静业庵。坐落于濠河以北，现北濠新村内，俗称宝峰庄。现存建筑仅正殿一座，为九脊单檐歇山式建筑，面阔三间，进深三间，为明代遗构，后经几度修建。殿堂无斗拱设施。栋梁施以彩绘，尚依稀可见。梁架结构为抬梁式，柱下安覆盆式柱础，上端有卷杀，不失明代作风。

钟秀山遗址。钟秀山，俗称北土山，居南通旧城中轴线北端。明代嘉靖、隆庆年间由州牧高启新、郑舜臣率民众筑土建成。原有五座小山，与南五山遥相呼应，构成古城南通的中轴线。钟秀山遗址现存主山部分山体，高约 5 米，占地 200 余平方米；另有重要文物明隆庆三年(1569 年)顾养谦题额、陈尧撰、袁随书的石碑《新筑钟秀山碑记》，及碧霞阁残碑一方。钟秀山遗址是南通古代城市重要遗存。是市文物保护单位。1985 年市政府在钟秀山遗址建钟秀山烈士陵园、南通革命纪念馆。

九、天宁闻钟

　　天宁寺历来位居通州城四大寺之首(天宁寺、东寺、西寺、千佛寺)，是一处规模大而又保存较好的佛教寺院。史载天宁寺初建于唐，后经历代修建，距今已有一千多年的历史。寺内的光孝塔，是天宁寺的标志性建筑。南通素有"先有塔，后有城，前人就塔建城"的说法。千百年来，位于北濠河畔的天宁寺，塔影波光，钟声悠远，成为通城一景。

　　天宁寺。天宁寺位于江苏省南通市主城区寺街传统历史街区内，始建于唐咸通四年(863 年)，宋政和年间(1111—1118 年)重建。寺院坐北朝南，以山门、金刚殿、大雄之殿、藏经楼为中轴结构，西侧有祖堂、大意堂、安宁精舍等，东侧为碑廊，西北隅有光孝塔。光孝塔，又名支提塔，五级八角，30 米高，保留着宋代风格；大雄宝殿是宋式结构，20 根立柱支撑着大殿，其中 6 根用包镶法制成的瓜棱柱，树立在雕有牡丹花纹的复盆式石础上，保留着宋代风貌。天宁寺古建筑为南通之冠，2006 年被国务院公布为全国重点文物保护单位。

　　南通中学。南通中学与天宁寺一墙之隔。1904 年张謇约请通地方绅士洽议设立通海五属中学，以此推动各县兴办小学。学校于 1909 年建成。1913 年学校改为省辖，更名为江苏省立第七中学。1927 年改称江苏省立南通中学。1953 年学校定名为江苏省南通中学至今。百年以来，通中为国家培养了大批栋梁之才，如著名化学家袁翰青，数学家杨乐、李大潜，导弹专家保铮等，先后培养了 19 位院士(学部委员)，还有高冠华、范曾、袁运甫、袁运生、顾乐天等杰出艺术人才。

实验小学。学校的前身是创建于乾隆十年(1745 年)的紫琅书院,戊戌书院改制,紫琅书院改名为通州公立高等小学校,新中国成立后改名为南通市实验小学。近百年来,实小学子,英才辈出。农业部原副部长刘瑞龙,两院院士袁翰青、林祥棣、马瑾,艺术家王个簃、高冠华、袁运甫、袁运生、许平,著名诗人丁芒,世界冠军赵剑华、吴健秋、张洁云、殷勤、成淑等都曾在实验小学启智、启蒙。

十、五亭邀月

在濠河西侧,濠西书苑一带,有五亭筑于水中,四面洞开。视野开阔,可环视北濠桥、珠算博物馆、中国审计博物馆及和平桥、电视塔、盆景园等。皎月东升,五亭苑玉华清辉,静景无限;霞光初照,盆景圃奇枝错落,叶影婆娑。碧带似的濠河将远近景物融为一体,美不胜收。

图 3-4　濠西书苑、珠算博物馆鸟瞰

濠西书苑。濠西书苑占地 21.5 亩,充分依托西北濠河水域宽广、视野开阔的优势,整组建筑临水面河,精心设计,巧妙布局。"五亭"是濠西书苑的标志,由北向南依次为"长虹""观月""鱼乐""濠濮""薰风",有的适合眺望水景,有的宜于临池观鱼,有的便于中秋赏月。从濠河对岸远望,五亭翼然若玉宇琼楼浮于碧波之上,绿色琉璃瓦屋面,金色琉璃瓦剪边,更觉景象突出。南通濠河博物馆坐落于主体建筑内。

盆景园。盆景园位于濠河西侧,依水而建,走在濠西路上便能望见园内古色古香的建筑和错落有致的风景,令人神往。盆景园内展示了诸多巧夺天工的通派盆景。园中的盆景造型奇特,有的像拄着拐杖的仙翁,有的像亭亭玉立的少女,有的像巨大的蘑菇云,有的像突出的奇峰怪石……高超的制作手艺与自然景物的完美结合令人叹为观止。

和平桥。在濠河三吊桥中,和平桥又是别有一番风韵。和平桥桥跨西濠河,原为通州西城门来恩门前的吊桥,后改为木桥。1957年改建为钢筋混凝土梁桥。1958年,随和平路(现人民路)建造,西吊桥随之改名为和平桥。后又经多次加宽。在最近的一次扩建中,于桥东地下发现来恩门瓮城的遗迹。现在的和平桥长31.4米,宽31.5米,三孔,桥下增设的游廊与瓮城遗迹组合成一个临水的游览空间,令和平桥在现代的美丽中又平添了几分历史的厚重。

第二节　历史遗存传承千载

濠河,作为国家历史文化名城南通的护城河,其沿岸有着丰厚的历史文化遗产。尽管南通在近代的城市建设中拆除了古代城墙,新中国成立后,拓宽了东西大街和南大街,一些街区的建筑、道路被更新改造,但是南通城市中心自古以来形成的基本格局并没有彻底改变,主城区"城河相拥"的传统格局依旧,谯楼钟楼至狼山老城中轴线仍发挥作用,大量的近代城市遗产仍有保存。濠河环抱的古城之中仍完好保留了两片历史街区,沿南濠河一线展开的近代风貌区,以及星罗棋布的各级文物保护单位和优秀历史建筑,向人们展示着濠河文化的深厚底蕴。

一、谯楼、钟楼

谯楼、钟楼位于南通市主城区中心,老城东、西、南大街交汇处,古城中轴线的核心位置,是历代地方政府机关的所在地。钟楼、谯楼是南通城市发展的历史见证,是"南通,中国近代第一城"标志性建筑。

图 3-5 谯楼、钟楼

谯楼亦称星枢楼，是报时、瞭望的建筑，初建于元至正九年(1349年)，重建于明洪武三年(1370年)，历代多次重修。谯楼为五开间抬梁式构架，歇山式九脊顶，建筑庄重、古朴，是中国传统殿堂建筑的经典之作。谯楼建于城台，北面两侧拾级上楼，城台中央为券门。谯楼一直作为南通元、明、清历代州、县署的前门，是南通古代封建政权的象征。

钟楼1914年由著名实业家、教育家张謇先生倡导建设，由民国政府首任南通县知事储南强主持建成。钟楼为报时报警而筑，位于谯楼前端紧靠谯楼，高六层26米，宽6米，四周外墙青砖红砖相间。第一层四角立砖柱，柱与柱之间砖拱券相连；二、三层外观合一，下层壁面做圆窗，上层四壁挑出阳台，置拱券门；第四层四面装有英国造巨型的机械时钟；第五层四周加筑外廊；层顶复钟形，运用金属材料制作，楼顶平台，竖旗杆。钟楼正面外墙有张謇书"畴昔是州今是县，江淮之委海之端"楹联，表明南通的时代变迁和地理位置。

钟楼是当时南通城最高的建筑,它刻意地建在象征封建统治的谯楼前面,是资产阶级在政治、经济、文化上全面控制城市的标志。

钟楼、谯楼两座中、西体态各异的建筑紧密相连,是清末民初南通由封建州治向资本主义工商业城市转变的这一特定历史时期的产物,是反映时代变迁、历史前进的物证,这样的具有象征意义的建筑组合在全国实属罕见,为研究中国城市史和建筑史提供了重要的实物资料。

二、寺街街区

南通旧有"先有寺,后有城"之说,寺街应天宁寺而得名。寺街历史街区位于南通古城西北片,占地 16.3 公顷。明《万历通州志》曾记载,"西北隅凡五,曰天宁寺街巷、石桥头巷、西关王庙巷、柳家巷、二铺巷。"这些巷子的名称大部分沿用至今,街巷犹存。这里文物古迹相对集中,不仅保存了基本的历史街巷格局,而且留下了众多的名人遗迹,具有重要的历史与文化价值,是南通城市发展的重要历史见证。

胡长龄故居。胡长龄系乾隆五十四年(1789 年)状元,任翰林院修撰、国子监祭酒,并主试山东,后官至礼部尚书。胡长龄故居位于崇川区寺街 125 号,胡家园 1 号。故居原有新老两座宅院。现存有老宅敞厅、正屋两进。敞厅宏大,三间七檩,抬梁式硬山建筑,前附四檩宽廊;正屋为三间七檩,穿斗式硬山建筑。

范当世故居。范当世为清末著名古文家,"同光体"诗派代表作家之一。其故居位于崇川区寺街 123 号。故居为南通传统民居建筑,由对厅、敞厅、正厅组成两进院落,均面阔三间,进深七檩,为穿斗式硬山建筑。整个建筑保存完整,现为范氏后人居住。

史白故居。史白是一个集美术、剧作、音乐等多种艺术才能为一身的革命战士。其故居位于崇川区寺街 119 号,建于清代。故居院门在宅院东南,院东有厢房三间。住宅坐北朝南,面阔四间,进深七檩,第二间正梁下有子梁,前有檐廊,建筑风格古朴,现辟有史白烈士纪念堂,陈列着史白烈士遗作、遗物。住宅前为青砖天井和花园。现为史白亲属居住。

袁氏住宅。袁氏祖先袁随、袁九皋分别是明嘉靖、万历进士。其后人袁运开、袁运昌、袁运甫、袁运生，均为当代知名的科学家或艺术家。袁氏住宅位于崇川区石桥头 24、25、27 号，建于清代。住宅由三个东西并排坐落的宅院组成，布局紧凑。各院东南均为门堂，向西进入正宅，正宅有三进或五进，东侧有火巷连接各宅，西侧有亭子间。三个院落以 25 号保存最完整，其穿堂、正屋及 24 号正屋用材粗大，装修考究，风格古朴。27 号现存西宅正屋，为一座"明三暗五"七檩硬山建筑，屋宇高大，装饰繁缛华丽，体现晚清风格。该宅现仍由袁氏家族居住。

钱素凡故居。南通"三一八"斗争烈士钱素凡的故居位于崇川区石桥头 13 号，建于民国，为其父亲钱啸秋先生购置。故居为一座三进宅院。大门位于宅院东南，旁有朝北屋三间。钱素凡居所在第二进，为抬梁式建筑，面阔三间，进深七檩，前有天井。现由钱素凡家属居住。

通州女师及通崇海泰商务总会旧址。通州女师及通崇海泰商务总会旧址位于崇川区寺街柳家巷 15 号、5 号、4 号，为清后期建筑，原主陈启谦。1905 年张謇、张詧购买后建立了通州女子师范学校。1910 年，女师迁新址后，通崇海泰商务总会迁入。1911 年 11 月，南通光复，军政分府成立，总司令处、民政处、财政处均设于此。1920 年后，商务总会迁新址，这里成为一林丰货栈，还有通明电气公司职员宿舍。旧址格局现基本保存，由数个院落组成。西部现存西式青砖大门、原商务总会总理室、议厅、应接室、理事厅等建筑，组成几个庭院；东部为并排南向三列平房，每列三至四进；中列第三进为江泽民同志生父江世俊的宿舍，江泽民姐弟曾居住此处。

徐赓起故居。徐赓起是南通第一位留美学生，哥伦比亚大学经济学硕士。归国出任江苏淮海实业银行协理，长期担任南通银行、教育、文化等方面的要职。故居建筑位于崇川区武胜巷 17、19 号。它是清代咸丰年以前的建筑，用料考究，建工精巧。古宅由东西两宅六庭院构成，东宅大三进均为三间七架梁屋，窗格雕花，天井用青砖铺地。西宅小三进，屋前有花园，鹅卵石铺地，叠有假山。后楼用城砖砌成二层小楼，美观坚固。

李方膺故居。位于南通市寺街 29、31 号,清代建筑,清代著名画家"扬州八怪"之一李方膺曾在此居住。李方膺曾任山东、安徽等地知县,晚年寓南京借园,擅画松竹兰菊,尤善画梅。故居原为李方膺父亲所购,有南向房 2 间,朝东房 6 间,面西屋及门堂 4 间,西有庭院,卵石铺阶,院中一亭屋,围以木栏。南原有二层楼房——梅花楼,1963 年被改建成平房。

图 3-6　寺街历史街区鸟瞰

三、西南营街区

西南营明清建筑历史街区在人民中路以南,南大街以西,占地 8 公顷。西南营因旧时驻有官军而得名,明《万历通州志》记载:"西南隅凡三,曰依莲巷、线长巷、南关王庙巷。"西南营与寺街作为南通古城硕果仅存的历史街区,文物古迹相对集中,民居质量相对较好,保存了基本的历史街巷格局,而且存有众多各个历史时期精美的宅地院落。

南关帝庙巷明清住宅。位于南通市区的南关帝庙巷明清住宅是一处古民居群，有东、西并列的两组建筑，各五进。东、西两宅都完好地保存了明朝后期的梁架结构，皆为七架硬山建筑，面阔三间，进深七檩，前后有廊，月梁，斗栱，替木雕饰精细繁缛。1983 年被公布为江苏省文物保护单位。

掌印巷清代住宅。位于城区东南隅掌印巷内，包括 22 号和 25 号两院。今二门敞厅保存完好。敞厅面阔五间，为抬梁式和穿斗式相结合的硬山建筑，前后附以卷棚式长廊。明间瓜柱柱头置斗，下端跨梁雕饰荷叶鸟兽纹，雀替作成如意头状，颇具地方特色。二门影壁为方块形磨砖平砌而成，四抹角雕饰花鸟，上方刻制透雕和浮雕画 44 幅。雕刻精细，形象生动。

冯旗杆巷明代住宅。位于城区西南隅冯旗杆巷 26 号内，现存明代遗构为一座七檩硬山"明三暗五"的敞厅，明间为抬梁式。次间稍间为穿斗式，梁架"扁作"，用材粗壮，覆盆式柱础，构架严实。明间雕饰华丽，颇具苏南风格。

惠民坊西巷清代民居。位于惠民坊西巷 1、2 号，8—10 号，保存有几处较为完整的清代房屋，特别是 2 号卢宅。该建筑由门楼和正房组成一进院落。门楼结构古朴，做工精细。门前有台阶为通长红色花岗岩。正房明间向内凹进，形成前廊，屋架为穿斗式，举折明显，用材粗大。该宅主次结构清晰，保存完好，庭院内有回廊、石铺小径，植被茂盛，古香古色。

冯旗杆巷清代住宅。位于冯旗杆巷 23 号。建筑保存较好，为一落三进。第一进穿堂为抬梁式结构，前后凹进形成廊，檐柱金柱上有斗拱，下有石质柱础；第二进院落保存完好，内有方砖席纹铺地，穿堂为穿斗式结构，檐柱金柱上有斗拱，下有石质柱础；第三进院落为一两侧带有耳房的二层木结构小楼，屋顶正脊为官帽脊，进深六界，檩用材粗大，下有短机雕刻有精美草纹，造工精美。

金沧江故居。位于南通市西南营 29 号，近代建筑，韩国历史学家爱国诗人金沧江曾在此居住。金沧江曾任韩国国史官、考书官等职。1905 年，流亡中国的金沧江应张謇之邀来通，任南通翰墨林印书局编校。1915 年定居于此，直至 1927 年见复国无望，自尽辞世。有朝南朝北平房各 3 间，朝东平房 2

间。现为居民私宅。

赵丹故居。位于南通市西南营 36 号,民国建筑,我国著名话剧、电影表演艺术家赵丹青少年时期曾在此居住。现存二院:前院坐北朝南屋 4 间,对面北向屋 4 间;后院坐北朝南 5 间,东侧西偏房 2 间。

四、近代风貌区

南濠河两岸是张謇按照近代城市理念,在老城区南侧开辟的新区,陆续新建的有师范学校、博物苑、图书馆、濠南别业、濠阳小筑、女工传习所、淮海实业银行,养老院、公共体育场、五公园等,沿河的模范路(今濠南路西段)一侧陆续新建了遂生堂、有斐馆、交通银行、中国银行等建筑和汽车公司。1919年后,西公园北建俱乐部,沿桃坞路建桃之华馆、总商会、交易所、更俗剧场及住宅、市房,路面拓宽至 14 米的新式马路,形成新的市中心。濠河南岸现为濠南路以及向西延伸的桃坞路,濠河北岸是濠阳路和环城南路,其中部分建筑至今保存完好,是南通"中国近代第一城"风貌的具体体现。

博物苑历史建筑。南通博物苑初建时,由东馆、南馆、中馆、北馆等建筑组成。南馆原称"博物楼",建于 1906 年,是一座西洋式的二层楼房,为博物苑最早的陈列室,主要用以陈列文物、标本。二楼月台悬挂张謇手书对联"设为庠序学校以教,多识鸟兽草木之名"。中馆建成于 1906 年,是博物苑最早的建筑,始称测候所,是南通最早的现代气象建筑设施。后测候所迁走,加盖二层尖顶小楼,改称中馆,用以陈列金石,上有张謇先生亲笔题写的匾额。北馆建于 1911 年,位于博物苑最北部,北临濠河,是一座中西合璧的二层楼房,当年楼下陈列化石、鲸骨架,楼上陈列名人字画、金石拓本。东馆建于 1914 年,又称苑事室,是当年博物苑的办公室和接待室。南面原有东西向的苑门,向东曾有长堤通往通州师范。

上海银行南通分行。位于崇川区环城南路 1 号。上海商业储蓄银行1906 年起在南通设立办事处,1910 年改为分行。1920 年建南通分行大楼。南通分行大楼为二层砖混结构楼,坐南朝北,面向环城南路。是一座欧洲古典式建筑。

濠阳小筑。濠阳小筑位于市区环城南路 21 号,建于 1917 年,为张謇故居,是一组中国传统住宅建筑结构与西洋建筑装饰风格相结合的近代建筑。濠阳小筑以轿厅、花厅、六角亭、曼寿堂为主体建筑,沿用了中国传统建筑前厅后楼的平面布局。花厅以东为副轴线,有轿厅、储藏室、厨房、职员宿舍等附属建筑。各建筑间以回廊相连迂回曲折、移步换景。庭院中精巧别致的花墙、漏窗、月亮门、花架辅以四时花卉,体现了中国传统造园艺术风格。建筑古朴典雅,精巧玲珑,中西合璧。2003 年辟为"张謇纪念馆"对公众开放。2006 年公布为江苏省文物保护单位。

女红传习所旧址。位于南通市环城南路 23 号,近代建筑,曾为张謇创办女红传习所之用。张謇于 1914 年创办的女红传习所,为我国早期培养刺绣人才的学校。1916 年建成一幢二层砖木结构楼,供女红传习所教学之用。曾任农工商部绣工科总教席的沈寿,应张謇之聘,任女红传习所所长。该所先后培养学生 300 余人,大多数在南通和苏州,为发展苏绣起了重要作用。现存一进,辟为沈寿艺术馆。

通崇海泰总商会大楼。通崇海泰总商会大楼位于桃坞路西端,建于 1920 年,由南通籍近代著名建筑师孙支夏设计建造。该建筑坐北朝南,为二层砖木结构楼,建筑面积 4707 平方米。建筑采用中轴对称布置,以门廊、大厅、会议厅为中轴,两边以办公楼环绕形成院落,并有回廊与前后廊相通。廊外侧立砖柱筑连拱,使建筑线条明快流畅。建筑立面中部为突前的门廊,入口门廊立柱系 4 根 10 余米高的希腊式柱头,将三角形的山花托过二楼屋檐。楼中部冠戴高突的红色圆顶,两边做成山花状,楼面以机制红瓦铺设。大楼立面有不规则的巴洛克装饰,线脚细腻。东、西两个内院均有四周砖券外廊,上有罗马柱式花纹。通崇海泰总商会大楼是新中国成立前南通规模最大的建筑。2012 年被国务院公布为全国重点文物保护单位。

图 3-7　通崇海泰总商会大楼

第三节　精湛技艺诗画风情

南通偏处于江海之交,由于所处的特殊的地理位置和复杂的历史形成,数千年来形成了独特的海盐垦殖文化、丰富的水乡耕织风情。濠河居民延续着敬畏自然造化、崇拜祖先神灵的心理,又以勤苦耐劳、良善淳朴、安贫乐道的社会风尚著称于世。濠河文化崇尚人与人的和谐、人与自然的共生,在丰富多样的风俗与文化中保留下独特的气质。十里濠河自古流传的诗篇技艺,综四时而不同,千年通城处处展现的古风新貌,亦东南之胜会。

一、四时风习

"通州好,风俗冠三吴",远古南通成陆初期,来自各方移民带着不同的背景在此"淮南江北海西头"的狭小区域内汇聚交集、充分糅合,共同构成了"濠河文化"的基因。千年以来,南通的"四时八节"、民俗风情,与周边地区既有相似之处,更有不少独特的地方。南通的传统节日从春节开始,接连不断,每个节日都有不同的风俗习惯。

正月。过春节，一大早大家换上新衣，晚辈要拜见长辈，孩子们可领到压岁钱。亲朋好友开始相互拜年。初一除了吃馒头吃年糕，早晨是一定要吃元宵的。初五是接财神的日子，商家一早开市，鞭炮齐鸣，隆重热烈。南通有句俗话："上灯圆子落灯面"。每逢正月十三上灯之日，南通城里家家挂上灯笼，吃元宵；到正月十八落灯，家家吃面，元宵节才算是过完了。元宵节，城里人有的还专程登狼山，看田野里乡民"放烧火"，这是一种南通农村独特的火把节。立春之后，东风渐进，南通乡间风筝升空，千哨争鸣，百鹞竞飞。蔚为壮观。这时节，时令食品还有韭芽炒螺蛳、蛋饼、虾侪儿、春卷。

二月、三月。每逢二月初二"家家人家带女儿"，无论贫富人家，都要把女儿接回来，饷以酒饭。时令食品著名的"长江三鲜"此间纷纷上市。河豚，因有毒，南通有"拼死吃河豚"的说法，须由专业厨师烹饪。随之是肥美的"鱼中之王"鲥鱼上市。当然，清明节前吃刀鱼是南通人的讲究。这时节食品最丰富。"鲥鱼八馔石首鲜，蚕豆登盘笋似拳。"① "谷雨开洋遥过市。鳓鱼打得满船装。"②农民送冷钉（麦青加工而成的食品）、蚕豆给城里的亲友。清明时节祭祀祖先、祭扫坟墓是南通百姓最重视的节令，以清明前后十天为期，"清明十日墓门前，处处人家挂纸钱"。

四月。立夏，吃蛋，吃甜菜。立夏日那天，濠滨家家户户都要煮鸡蛋，也有煮的鸭蛋和鹅蛋，套上蛋网，挂在孩子颈上，因为有"立夏胸挂蛋，伢儿不疰夏"的说法。立夏这天，小孩子会得到父母的同意或被大人带领下河游泳，俗称洗澡。民间认为这天下河可以去瘴气，保证一夏不生病，游水腿肚也不会抽筋。这天，家庭主妇还曝晒被褥、衣服等物。

五月。"五日家家艾虎垂，雄黄泛酒酒盈卮。酒阑争赴龙舟约，水月庵前看许时。"③端午节一到，人们到河边采芦叶包粽子，从濠河周边采摘香蒲、艾叶插在门边，悬于堂中，可驱蚊蝇、虫蚁，净化空气。人们在这一天午时，还要普洒雄黄酒于室内，将雄黄酒洒于小儿的手、脚、脸上，在小儿额上用雄黄酒

---

① 季光编注：《崇川竹枝词》，第19页。
② 季光编注：《崇川竹枝词》，第35页。
③ 季光编注：《崇川竹枝词》，第13页。

书"王"字,给小孩佩戴百索子(五彩缕)、香袋、香囊,以杀虫辟五毒。端午节这天濠河有赛龙舟。南通人家用粉皮、韭菜、豆芽菜、高瓜丝(或竹笋丝)加上肉丝、蛋皮丝、虾仁和起来炒,吃起来非常清爽可口,叫作"和菜"。

六月。"六月六,家家晒红绿"经过了黄梅天,藏在箱底的衣物容易上霉,要取出来晒一晒,寺庙里要晒经,叫作"翻经节"。六月六日"狗子洑浴",要给猫狗洗澡。这些天,水酵馒头、风糖糕、锭子糕上市,农民送玉蜀黍给城里亲友。

七月。十五日为传统中元节,俗称"七月半",是家人祭奠祖先和已故亲人的节日。这天,人们向神灵祈求平安,纷纷到濠河里漂放河灯。河灯有用彩纸扎绢糊的,有用西瓜、南瓜镂空做的。人们漂放河灯意犹未尽,还编出舞蹈,临水载歌载舞。此间时令蔬果便是西瓜了,立秋、处暑吃西瓜亦是民间风俗。

八月。中秋佳节,濠河人家最主要的活动是赏月和吃月饼了。当一轮明月映印在濠水之上,有的人家便设香案,摆上苏式月饼和柿子、芋头、菱角、香藕等时令水果,供月、赏月,也有放孔明灯以助兴的。中秋时令食品尚有鸭子、藕饼。有一首诗记载了南通人民过中秋的情形。"中秋时节碌忙忙,月饼掰掰当早茶。蒸蟹煮鱼煨鸭子,剥菱削藕切西瓜。芋头豆荚连皮吃,柿子梨儿带核尝。乡下送来新米屑,儿童还要做粑粑。"[1]

九月。在重阳节这一天,点心店门口都有重阳糕卖,而考究的就是重阳糕上头插的一把刻纸的小彩旗,有"重阳日子卖大糕——为奇(旗)"的歇后语。重阳节吃重阳糕,喝菊花酒,外加还要吃螃蟹成为风俗:"糕上飘摇插纸旗,黄花酿酒醉斜晖。苏家堰里团脐蟹,一到重阳分外肥。"[2]同时,蟹黄包、鸡丝汤包也上市了。

南通种菊花也有很长的历史。从前就有菊艺人从清明节就开始莳菊苗,重阳节的时候挑到花市上卖,清朝道光年间南通人李琪在《崇川竹枝词》里用

---

① 《南通掌故》,南通市政协学习、文史委员会,2004年,第531页。
② 季光编注:《崇川竹枝词》,第59页。

诗记录了这通城一景："东西寺外城南北，记取清明莳菊苗。待到重阳花市近，一肩秋色担头挑。"现在重阳节为"敬老节"，子女晚辈常于此日搀扶老人登狼山，观长江。

十月、十一月。秋收冬藏，南通人习惯十月初一衣被换季，各庙送经幡，烧经。立冬之前，蔬菜大量上市，南通人有藏菜的风习。一是盐腌渍，以大白菜、芥菜、雪里蕻为主；二是烫熟风干，用菠菜、白菜、马齿苋。烘山芋、烘年糕市面上也有了。冬至是南通人最重视的节令之一，称为"大冬"，吃骡肉炒豆腐干，也是吃米屑圆子的节日。家家户户此日还要"烧经"、办菜，祭奠故去的亲人。另外南通东门还有一奇怪的风俗，冬至日少年儿童聚集在二沟头菩提庵后面的河两岸，互掷瓦片砖块，不惜扒屋卸瓦，常有伤人事件，称为"东门大老儿"。现已绝迹。

十二月。到了腊月，卖花树的、卖水仙花的陆续来城里。初八佛诞日，人称"腊八节"，有吃"腊八粥"的风俗。二十四日要"送灶"，到了除夕"接灶"，这些日子是家务事最忙的时候，忙着给家里扫地除尘做卫生，"大家磨屑办年糕，腌肉风鸡置酒肴。"[1]上街置办年货，准备过年。除夕中午烧经、下午"长对"（贴对联、门神），晚上合家团聚吃年夜饭、守岁。"除夕团圆守岁筵，桃符以换贴春联。头筹竟把状元夺，赢得青荷压岁钱。"[2]到子夜时分焚香点烛、放焰火鞭炮。

二、精艺绝技

在南通这块被濠河浸润的崇川福地，曾孕育并留存了丰富的精湛艺术、民间绝技。有享誉世界的梅庵派古琴艺术，具有浓郁乡土气息的蓝印花布印染技艺，有空中交响乐之称的板鹞风筝制作技艺，开风气之先创独特针法的仿真绣……这些散落于民间的璀璨珠玑，与濠河共生共长，共同构成濠河多

---

① 季光编注：《崇川竹枝词》，第60页。
② 季光编注：《崇川竹枝词》，第35页。

彩多姿的文化空间。

童子戏。远古南通一带有巫觋演唱、祈福消灾的民间习俗,称之为上童子或童子上圣。童子号称意志能自由游走于神、鬼、人三界,可为百姓消灾除病、纳吉祈福。童子除在家庭演唱外,还适时组织童子会。童子上圣使用南通的方言俚语,且配乐均为打击乐,声腔怪戾突异、高亢悲怆,演唱内容多与降妖捉鬼、神仙灵异有关,与戏剧、舞蹈、杂技互为表里的特殊表现形式,当代逐步"戏剧化",成为童子戏,被列入国家级非物质文化遗产名录。

板鹞风筝制作技艺。南通是中国风筝的四大产地之一。所谓"北鸢南鹞"之"南鹞"特指南通板鹞风筝,是我国南方最具代表性的风筝品种。除一般风筝的放飞观赏、愉悦身心、强身健体的功效外,南通板鹞风筝独具魅力之处是在风筝上安装了大大小小不等的"哨口",一旦放飞蓝天,"得风则鸣,其声随风抑扬",有"空中交响乐"之美誉。2006年被列入国家非物质文物遗产名录。

蓝印花布印染技艺。蓝印花布是我国传统的纺织印染工艺品和实用品。宋元时称"药斑布",明清时称"浇花布"。南通民间蓝印花布始于明代,流传至今。南通蓝印花布花版图案由手工镂刻,经刷桐油加固,再用石灰拌黄豆粉,加水调成糊状,通过花版括在布上。待灰浆晾干后,投入缸内染色,染成的布呈深蓝色。染好的布去了浅浮灰浆,密封处露出本色。南通蓝印花布被列入国家非物质文物遗产名录。

梅庵派古琴艺术。南通古琴有着悠久的历史。早在清代,广陵琴派即产生于南通琴人活动。1917年,徐立孙、邵大苏等在南京高等师范学校师从古琴家王燕卿学习古琴。1929年夏,徐立孙和邵大苏在南通创办琴社,以在南京高师学艺处"梅庵"命名,授徒传艺。在此期间,他们对王燕卿传授的《龙吟馆琴谱》进行修订补充,于1931年编印出版了《梅庵琴谱》。这是我国第一部创立点拍的琴谱,成为各派琴人的必备之谱,也是我国最早译成外文的琴谱。梅庵派琴曲旋律清新活泼,节奏明快,风格独特,为我国四大古琴派之一。

仿真绣。仿真绣创始人是沈寿。1914年,张謇创办南通女红传习所,聘著名苏绣艺术家沈寿来南通传授、培养刺绣专门人才。沈寿吸收西洋绘画光影表现技法,在传统"画绣"基础上,广采博览,变革创新,独创"仿真绣",在刺绣艺术史上开创一代新风。其刺绣艺术又被称为"沈绣"。仿真绣常以西洋油画的人物肖像、风景等为绣稿,刺绣技法善于表现光影、色彩效果,作品立体感强、物像生动逼真,具有鲜明的艺术风格,被列入国家级非物质文化遗产名录。

图 3-8　沈寿绣《耶稣像》

季德胜蛇药制作技艺。季氏蛇药由季家数代人长期实践、积累经验,后经季德胜增补完善创新而成。季德胜蛇药片由数十味动植物中药组合配制,现今为褐黑色的纯中药片制剂。新中国成立后,通过季德胜指导和广大中西医药科研人员的共同努力、潜心研究,确定了质量标准,提高了蛇药的质量和产量,形成了规模化生产。季德胜蛇药片美名更为远扬,畅销海内外,被列入国家非物质文化遗产名录。

王氏保赤丸制作技艺。王氏保赤丸原名王氏万应保赤丸,系清代道光年间由通城名医王胪卿为治疗小儿腹疾、喘症等常见儿科疾病,集祖上九世秘传配方监制而成的小儿良药,后由当地乡绅支持出资合办的中药铺"庆和春药铺"制售。一百余年来,该品种作为儿科良药扬名海内外,备受病家青睐和赞誉。1957 年,王绵之先生响应政府号召,将传承数百年的秘制配方献给国家。

通派盆景。通派盆景是江苏南通的特色盆景,汉族优秀的传统艺术之一,园林艺术的珍品。通派盆景以南通为中心,包括周围各县及如皋一带。通派盆景的显著特色,是选用尖短小叶罗汉松(俗称雀舌罗汉松)为材料,攀扎成"二弯半"的格局,即主干攀成二弯半,每个弯上有三个主枝,每枝又扎成扁平如云的片干。看上去形象如狮,端庄稳重,像是一幅立体的画,深得人民喜爱。

南通土布。南通是著名的土布之乡,明清时期,南通棉业、土布业逐步兴盛,濠河之滨"夹岸柳丝云碓响,万家簟火布机鸣"。南通乡村织造最盛时,专业土布织户十余万户,从业人员逾百万众,年总产 2000 万匹。南通色织土布技艺继承松江土布传统技艺,染色、摇筒、牵经、络纬、穿综、嵌筘等工序都保留较原始的方法。典型土布纹样有蚂蚁、柳条、桂花、金银丝格、芦纹系列,以及双喜、彩格、皮球花、文字类提花锦毯织物,承载了民间绝技,充满了乡土气息。

彩锦绣。自古以来,人们常把"锦绣"并称。20 世纪 70 年代初,南通民间艺术家在传统民间纳绣基础上,研制出了一种新绣种——彩锦绣。彩锦绣的工艺特点是在方格纱底料上运用点彩、纳锦等传统针法,以及染、衬、钉、盘等多种工艺手法,变化丰富的针法肌理,组成的独特刺绣画面,充分发挥了刺绣艺术的本体语言,更体现了现代艺术的审美特性。大型彩锦绣作品《哪吒闹海》曾在 1982 年获中国工艺美术百花奖金杯奖。

木版年画。南通木版年画在清乾嘉年间已有"陶业成"、"王正顺"等著名作坊,是苏北年画主要产地,其工艺精良,制作精细,颇受民众青睐。年画构图线条粗犷、用色厚重。它的制作过程与方法接近于潍坊的杨家埠,简化为绘、刻、印三道工序。新中国成立后,在保留木版年画传统风格、技法的基础上,有了新的探索、革新。

柞榛家具制作技艺。南通柞榛家具是指南通地区以柞榛木为原料制作和使用的传统家具。南通地区有相对丰富的柞榛木资源,这为柞榛家具制作技艺延续提供了必要的物质条件。南通柞榛家具自明清以来造型和做法日趋成熟,其造型端庄稳重,做工榫卯严实,攒接规律成韵,变化有度。

三、濠河漫咏

在我国现今尚保存完整的护城河中,南通濠河因其形成历史之悠久、状态保持之完整、疏浚整治之科学、功能转换之得当,被誉为"我国城河之杰,通城灵秀之魂"。现代濠河之所以成为城市名片和旅游景区,均源于独特的自然与人文因素。濠河展现了江城南通的风采,与南通相映生辉,它丰富深厚的内涵、绰约迷人的丰姿,引无数文人墨客为之倾倒,为之吟咏,留下不朽诗篇。

宋代，天圣年间（1023—1032 年）的通州进士吴及（字几道）有《长桥》一诗，应为现存咏濠河的第一首作品："有客过津亭，高歌愿濯缨。阑干聚烟碧，波涛卷秋声。虾饮潇湘竭，龙游河汉横。夕阳看不厌，待看月华生。"

宋末名相文天祥德祐二年（1276 年）出使元营被拘，后逃脱，经通州泛海南归。此间留下许多诗作，有《泛海怀通州》，抒发乘舟离通时的情怀，其一曰："孤山渐渐脱长淮，星斗当空日照怀。今夜月明栖海角，未应便道是天涯。"

明代诸生凌飞阁，字尚卿。曾舟行北濠，留有《过钟秀山》："放舟寻北渚，兜率倚高峰。宛转村流抱，参差云树重。定僧不出户，到客自鸣钟。坐爱山斋好，斜阳倒碧松。"

清初，南通著名诗人范国禄，约请著名戏剧家李渔，以及诸生罗休、杨麓等同有城北芙蓉池行舟观荷，留下诗句："倚山池馆就凉开，香泛荷花水半隈。欲向中流操楫去，却从陆地荡舟来。美人笑解江皋佩，醉客吟登泽畔台。日暮风光青渺渺，蒲菰杨柳一潆洄。"

康熙年间，画家李堂曾建借水园于濠河东南，与通州诸画家结五山画社，极一时之盛。14 年后，社员或年迈、或离世，画社所累积的画作被人盗去，因作《借水园感旧》："雅集南园日，联吟四十年。自从怀小阮，无复会群贤。寂寞云根接，凄凉月户圆。迢迢惟绿水，倚槛尚流连。"

南通第一个状元，清代的胡长龄在《家园杂忆》中表达了他向往着早日回到家乡濠河之滨，在读书堂读书写诗的清静日子："我家小筑城之北，细水春流直绕墙。行过石桥西畔去，丛篁深厦读书堂。"

福建人刘名芳，乾隆三年到南通，在军山"水云窝"居住七载，考订史实，搜寻古迹，写成《南通州五山志》。他曾登上城楼，遥望江海、俯瞰濠河："暖风丽色到崇州，新旧城开草木稠。红杏林亭春雨赋，绿杨池馆午烟柔。浮天水阔横江海，拔地山高逼斗牛。有客长挥王粲泪，莺声无赖复登楼。"

清代诗人李彩升也曾放舟北濠，留有《北城泛舟》，赞山清水秀之美，其一曰："今年两水足桑麻，舣楫湖湾夏景赊。帘押漫钩山黛远，神香不散柳风斜。菰蒲影带五塘路，歌吹声疑小杜家。直到万松亭子上，碧空寒翠卸铅华。"

　　清朝乾隆时期通州诗人李懿曾写下的《望江南·通州好》一百首,有多首咏叹濠河风光:"通州好,水上集帆樯。桃浪划开篙历乱,柳风吹起绽飘扬。十里棹歌长。""通州好,效外景尤清。千佛寺前渔网晒,三元桥畔酒帘横。几度踏春晴。""通州好,最好是仓河。一片渔矶扶卧柳,几层画阁隐烟萝。浣女晚风过。""通州好,幽馆是云深。小口黄泥通短艇,画桥红雨湿疏林。难忘此烟浔。"

　　清代乾嘉年间通州诗人汪嵘所作的《江山门春游》描绘了南城景象:"花抱春城柳抱门,春来景物最销魂。莺声一路浑无赖,啼偏山村复水村。"

　　近代国学大师王国维1903年来南通师范学校任教。一日游五公园,留下《游通州湖心亭》,慨叹人生:"扁舟出西国,言访湖中寺。野鸟困樊笼,奋然思展翅。入门缘亭坳,尘劳始一憩。方愁亭午热,清风飒然至。新荷三两翻,葭菼去无际。湖光槛底明,山色樽前醉。人生苦局促,俯仰多悲悴。山川非吾故,纷然独相媚。嗟尔不能言,安得同把臂!"

　　张謇在濠河西南营建了五公园,引来许多文人诗咏歌赞。1920年冬日,张謇于南公园写下《千龄观看雪》:"江干连晓雪纷纷,霁后来看日未曛。野色微青田畔出,人家半白瓦鳞分。风尖料峭犹冲路,山远模糊欲化云。槛外鸥凫招便得,倘能相与亦吾群。"

　　张謇曾为五公园买来苏州画舫,名之曰"苏来舫"。1923年七夕,张謇会客于舫上。诸客有吟咏,留有《吴船谣四首》:"浮送吴船到早潮,开延灯火与波摇。榜人已受园人约,不过公园第二桥。""双桡稳健底平方,里老村童乍见狂。争上第三桥上看,华灯四点水中央。""第一桥边草色新,万流亭子亦船津。沉沉怪物灯光下,不是温柔不是憎。""风多濠阔浪横斜,第四桥南种藕花。待到花时花作壁,夜阑灯泡尽湖家。"

　　1923年10月,张謇应一批门生邀请,行船作北濠之游,此时南濠河建设基本完成,他希望将北濠也开发成"胜地",因而留诗一首:"录秋最好北城根,来往船稀落叶繁。水阔依滩杂凫鸭,日斜觅路归鸡豚。风烟澹澹犹存堞,人鬼离离不当村。待与绸缪成胜地,开寺架渡拓公园。"

当代,共和国一位戎马毕生的老将军迟浩田得暇放舟濠河,感慨吟诵《美哉,濠河》:

美丽的濠河

你宛如翡翠项链从天而落

把入夜的古城点缀得

如梦如幻,魅力四射

眼前的一切恍若相识

哦,不

你不是泰晤士胜似泰晤士

你不是塞纳河赛过塞纳河

你并非威尼斯

但那不眠的斑斓灯火

却引得如织的游人流连蹉跎

有了扬子江的孕育

你的水最淳最清澈

因为南通儿女的巧手装扮

你出落得亭秀榭美,妩媚婆娑

你把自己谱成抒情的乐章

欢快地从人们心头流过……

也许,曹勇《濠河漫咏》中的诗句最能代表一个外地游客泛舟濠河后的感受:

什么地方

位于江北却有江南之秀,什么地方

距京千里却也叫通州,什么地方

左窗可听海右窗有江声,什么地方

城在水中坐人在画中游……南通

这就是南通

让人来了就不想走,南通

这就是南通

让人走了还把她梦中留

第四章　河之魂：钟灵毓秀

通州城墙周长不过六里，护城的濠河水静静流淌千年，孕育了一代代锦心绣口的文化人。智者乐水、钟灵毓秀，濠河边的寻常巷陌、老屋小院，走出了许多在中国文化史上值得纪念的人物，发生了许多必定要载入中国文化史册的事件。因为这些人物和事件的存在，南通保持着每各个时代高尚的文化氛围。濠河是这个城市的灵魂，濠河文化在中国文化史上写下了浓墨重彩的篇章。

第一节　崇文重教"利市州"

北宋科举和官学大兴，"三舍"考选法遍行天下，每州每三年要选拔三名"解送生"进太学学习。北宋大观四年（1110年），通州的三名解送生均过了考试进入了"上舍"，获得担任官职的机会。由于通州学生考试优秀，他们的老师、考官和通州知州均因此官升一级，通州从此获得了10个推荐入太学的名额，通州遂被天下士子誉为"利市州"。南宋嘉熙二年（1238年），通州学子进京赶考,有五人登第。①

南通崇文之风自宋代兴起,北宋通州已设"州学",南宋始设"书院",先后创办了十多所书院,又设置贡院、试院,供士子们参加科举考试,据不完全统计,有 5000 余人在这里取得秀才功名。方圆数十里的通州城,明代有凌相、凌楷兄弟进士,袁随、袁九皋叔侄进士,明代陈尧一门三进士;清代有状元胡长龄、榜眼王广荫、探花马宏琦,王广荫及其兄弟广佑、广福也是一门三进士;还有孙家,从康熙年的孙闳达起五代有六进士;同治、光绪年间曾出过"父子兄弟叔侄同登科甲"的"一门四进士"的顾家。宋代至清,先后出了 115 个进士,256 个举人。多少年来,通州城里"今则束发以上,咸知谈经说史,讲明道术","髫龀之子,亦知挟册以师,喜为儒者之言"。② 通州崇文重教,蔚然成风。

一、州学书院

据旧志记载,北宋太平兴国五年(980 年),通州最早在东门外建立州学。到了乾兴元年(1022 年),又在东门内兴建儒学,由静海县令梁惟宁督办。天圣元年(1023 年)儒学建成时,前有大成殿,殿后有讲堂、稽古阁,州学、孔庙合在一处。南宋以后,州学数次毁于战火,又不断重建。明朝时开始对州学的大成殿、明伦堂经常整修,弘治年间,修建了棂星门、泮池桥,又新筑了堂、轩、学官门。正德九年(1514 年)重建名宦、乡贤二祠,嘉靖九年(1530 年)又建尊经阁、号舍、敬一亭等,州学规模逐渐扩大。万历间,通州州学已颇具规模:学宫前有泮池,走过石桥到棂星门,再往里走可达戟门,左右两边是名宦祠和乡贤祠,走进戟门是大成殿;棂星门之左为学门,学门往北行数十步,向西有礼门,进礼门,中为明伦堂,堂东西两边有进德、修业、兴贤三斋;堂后有敬一亭、尊经阁,阁后为射圃,阁左有贮藏圣祠;学宫以西为志道堂、号舍及学正、训导

① 王应凤:《通州贡院记》,《直隶通州志》卷十九。
② 南通市教育局编:《南通教育志》,新华出版社 2001 年版。

等学官住宅。

据《通庠题名录》记载,明代通州入学人数 2069 人。据统计,清代州学入学文生员 4803 人。通州州学置学田,收入多作州学经费,清乾隆时有学田 300 多亩,民国初年,通州儒学有学田 500 多亩。

南宋淳熙十年(1183 年)通州在州学北建贡院,嘉定年间(1208—1224年)贡院迁往州治西北,咸淳四年(1268 年)又在州治西南重建贡院。清雍正二年(1724 年),通州在州治东建试院。试院从雍正六年(1728 年)开始供士子考试,到光绪三十二年(1906 年)废止科举,长达 170 多年。

通州最早的书院是南宋时创办的紫薇书院。明万历《通州志》记载紫薇书院在天宁寺西北。明时通州还办过铁渠书院,在西门外铁钱河畔;崇川书院,在城东二里龙津桥附近;通州书院,在州察院东;五山书院,在狼山。记载比较详细的是紫琅书院,在州治北盐义仓后。乾隆十二年(1747 年)通州在城西北天真堂旧址建紫琅书院,后因经费停办。乾隆三十一年(1766 年)知州沈雯募捐重建书院,讲堂有六楹,堂前有清池,有亭台楼阁,环境幽雅,有学员宿舍,食堂浴室一应俱全。书院聘浙西名师吴坦主持讲学,在读学生有 120人。嘉庆时翰林侍读张涵斋也曾在紫琅书院讲学。书院置有学田,田租收入作为办学经费。到民国初年,书院有民田 401 亩,沙田 1 万余亩。

二、贤臣名宦

通州文风再盛,读书人要进入仕途,必须经历数十年寒窗苦读及考试,才能为自己博得功名,取得担任各级官吏的资格。传统知识分子"先天下之忧而忧,后天下之乐而乐"的襟怀在通州读书人身上表现得格外充分。

南宋时崔敦诗官翰林权直侍讲,著述颇丰,治国多有建议;咸淳时印应雷为两淮安抚制置使,在前线作战有功,宋理宗御书"锦绣"两字赐赠。明弘治时凌相平役息讼,加强边防,从知县升职湖广巡抚。通州人钱嶫是嘉靖十一年(1532 年)进士,获得功名前就知道家乡人民受到养马的种种祸害。嘉靖十九年(1540 年),他任浙江道监察御史,得知通州仍然被每年的种马税课所困扰,于是上疏要求裁撤通州的种马税课,而获准。

嘉靖时通州出了两位"兵部侍郎":一位是顾养谦,出守辽东,镇守边陲,拒外敌,平内乱,却功成身退,回乡读书,绝不言生平宦业,所提拔将吏,概谢不见。著有《督抚奏议》、《抚辽奏议》、《益卿诗文全集》等,去世后,朝廷追封兵部尚书,被誉为"勋名第一顾尚书"。另一位是陈大科,总督两广,平定安南,建有边功。其父陈尧,历任长芦都转盐运使、贵州按察使等,整治贪弊,政声显著。同时期袁随任四川布政使,拒绝严嵩收买,放赈救民以万计。清武进士易崑官至总兵,守边关功勋卓著,朝廷颁赐易祖父为"武功大夫"。雍正时李玉铉任福建按察使,半年审案千余,保一方百姓平安。

状元胡长龄(1758—1814年)是通州城里读书人翘楚,字西庚,号印渚,通州人。乾隆四十五年(1780年)廪生,乾隆五十四年大魁天下,授翰林院修撰。乾隆五十六年升为侍讲学士,武会试副考官。乾隆六十年任国子监祭酒,并主试山东,整顿儒学条规,后官至礼部尚书。胡长龄为官清正廉明,刚正不阿,不畏权势。他一生唯嗜读书,过目成诵。他遍阅经史,工诗赋,史学造诣尤深,被誉为"江东三俊"(胡长龄、马有章、李懿曾)之一,与山阳汪氏合称"汪经胡史"。其著作有《胡三余堂存稿》等传世。

清嘉庆进士徐宗幹(1796—1866)曾任台湾道台、福建按察使,为维护祖国大陆和台湾的统一作出了卓越贡献。台湾籍史学家连横在其《台湾通史》一书中说,"道光二十八年,徐宗幹任巡道,整吏治、议募兵、振士风、理屯务,多所更张","宗幹为治,每致意于公务,整剔利弊,循名核实,而绅民亦相观感,一时士气丕振,风俗纯美,至今犹称道焉"。对徐宗幹在台湾政绩评价甚高。《南京条约》签订以后,列强对台湾虎视眈眈,徐宗幹审时度势,撰写《防夷论》,订立《台湾绅民公约》,发动台湾民众保卫自己的家园。在徐宗幹任职期间,列强始终无法插足台湾。①

南通和台湾有缘。原籍安徽、少年时寓居通州城掌印巷的周懋琦

---

① 顾启、鲍锦玲:《徐宗幹——稳定大局维护统一的台湾道台》,《江海春秋》2013年第3期(增刊)。

（1836—1896，字子玉）在清同治十一年（1872 年）任台湾知府期间，撰写了《全台图说》，其中就明确记载了钓鱼台，"山后大洋有屿名钓鱼台，可泊巨舟十余艘"。说明那时钓鱼台已在台湾的管辖范围之内。周懋琦又是一位算学家，他在咸丰年间向法国人石弗勒尔学算学，所制作的四十九档、二十五档两本算盘，现以其规制之奇、运算之谜而被列为国家一级文物，并珍藏于南通博物苑。

三、诗书传家

家族文化的兴盛是濠河文化的特色，也是彰显一个地方文化繁荣的标志。通州城六桥之间、方圆几里的地方出现了一批教育、医学、诗文、书画、官宦等世家，寻常巷陌，斜阳草树，自有书香人家，代代有读书人，在中国文化史上留下印迹。

明代袁随、袁九皋叔侄进士，袁随官至户部主事，袁九皋任御史，为官清廉，"裕国安民"，他们用功读书、勤奋好学的家风也代代相传。他们的后辈中仅新中国成立后就出现了许多人才，如著名教育学家、华东师范大学校长袁运开，中国林业部资源司总工程师袁运昌，画家、教授袁运甫、袁运生等。

明蓟辽总督顾养谦，其孙顾国宝也是进士，任吏部给事中。顾家的另一支在清代"父子兄弟叔侄同登科甲"，曾"一门四进士"。顾氏后辈在新中国成立后在文艺界就有导演顾而已、作家顾乐谭、演员顾永菲等知名人士。

明刑部左侍郎陈尧及其子侄大壮、大科"一门三进士"，是诗书世家，代有诗文。"司寇一门俱善诗"，陈尧有《梧冈集》，子大科有《陈如冈文集》，曾孙宏裔、元孙世昶、世祥具能诗。陈世祥，号散木，有《含影集》、《白狼诗集》、《敝帚集》等，"入江左六家之选"①。

"十世衣冠数卷诗，人人俱解念吟髭。"李氏家族也是诗书传家，《崇川竹枝词》的作者李琪说："余家自十世祖水部公至先严博士公，代有诗集。"据考

---

① 季光编注：《崇川竹枝词》，第 88 页。

李琪有《少山诗钞》,其父李懿曾有《扶海楼诗集》,其祖李雱有《铁道人偶吟》,曾祖李彩升有《课余庄诗草》,叔曾祖便是"扬州八怪"之一的李方膺,有《梅花楼诗钞》①。李方膺之父李玉铉有《但山诗钞》,李方膺子李霞、侄李霁能书画,具有诗名。

通州城里还有名医世家。林氏中医世家已传六代、二百余年,擅治内、外、伤骨科。二世林京华自幼学医,在清光绪三年(1877年)奉诏进京,被封为五品御医,皇家亲王亲题:"徙柳折肱"、"青炉久炼长生药,丹鼎新添不老方"相赠,表彰其高明医术。程氏中医世家祖传九世,以祖传秘方免费为百姓治疗疔疮。程家医术精湛,针灸要取得良好效果,要先在自己身上试验,取得效果;药方要用药引,要不辞辛劳到荒径野地里去采集。新中国成立后,程家把祖传秘方献给了国家。

范氏诗文世家,从明代范应龙起,到当代范曾,四百余年间连绵十三代,代有诗文传世。范应龙之后的范风翼、范国禄父子塈与同时代一流诗人比肩。范风翼为明万历进士,官至吏部主事,他因推举清流贤才顾宪成、高攀龙等人,受到魏忠贤忌恨,辞职返乡,有《范勋卿诗集》、《范勋卿文集》。范风翼之子范国禄被誉为"江东第一才子","弱冠即以诗文鸣于海内,著述之丰,堪称邑中之最,视为通州诗文之冠"②。清初文字狱盛行,范国禄在编纂《通州志》时得罪了官府,只得离乡避祸,浪迹天涯10年。著有《十山楼诗》、《十山楼文稿》等。范氏第四代范遇有《一陶园诗》,第五代范梦熊、第六代范兆虞也有诗作,第七代范崇简有《懒牛诗钞》,第九代范如松有《未信斋稿》,上承八代诗人之高风,下启范氏诗文鼎盛之局面,诗教有方,其长子范当世为晚清杰出诗人,次子范钟有《蜂腰馆诗》,三子范铠有《季子诗》,均以诗文名重晚清文坛,号称"三范"。

范当世(1854—1905)是这个诗文世家的高峰,原名铸,字铜士,更名当世,字无错,号肯堂。因排行居一,世称范伯子。他是清末杰出的文学家,"同

---

① 季光编注:《崇川竹枝词》,第91页。
② 转引自施宁:《寺街》,苏州大学出版社2010年版,第94页。

"光体"诗派代表人物。范当世曾被李鸿章聘为西席，先后任观津书院山长、通州东渐书院主讲、三江师范学堂教习，并和挚友张謇在家乡兴办教育。他一生漂泊，目睹时代巨变，他的诗文"合为时而作"，有感而发。张謇评价说："论其诗文，非独吾州二百五十年来无此手笔，既以并世英杰相衡，亦未容多让。"①著有《范伯子诗集》、《范伯子文集》等。

张謇曾有诗赠范当世之子范罕："九代诗人八代穷，郎君十代衍家风。懒牛尚逊蜗牛贵，三范凭开一范雄……"对这个诗文世家以及这位后辈传人有极高的评价。范罕有《蜗牛舍诗》；

图 4-1　范当世

范罕弟范况也擅写诗，并著有《中国诗学通论》。范曾父亲范子愚有《子愚诗钞》。子愚三个儿子范恒、范临、范曾都能诗，而范曾把画书诗融为一体，享誉海内外。

第二节　秀水氤氲蠡文峰

通州城东南的文峰塔并非为宗教缘起，而因为文人学士的倡议而建。通州城始建于后周，但直到明代还没有中过一个状元。堪舆家说"城南巽方"是读书人的风水宝地，于是万历四十六年（1618 年）文峰塔在南濠河畔落成，还造了三元桥。果然，清代乾隆年通州城出了个状元胡长龄，还相继有人中了探花、榜眼。"塔影倒映明月中，扁舟一叶一诗人"，从此钟灵毓秀，人才辈出。

---

①　李明勋、尤世玮主编，《张謇全集》（第八册），第 599 页。

明代末年,通州有著名的医学家陈实功,他写的《外科正宗》流传到海外许多国家。明进士包壮行入清不仕,以制彩灯、造假山为乐,也自成一家。范凤翼、范国禄父子在北濠河畔结"山茨社",引多少天下名士汇聚通州。清初李黄、李堂父子结"五山画社",先后参与活动的画家、诗人达百人之多。嘉庆、道光年间,冯云鹏、冯云鹓兄弟刻成《金石索》十二卷。晚清通州有科技发明家蒋煜,人们把他和"布衣鸿儒"江慎行、"前清学者第一人"戴东原相提并论。清末学者白雅雨在北洋政法学堂任教时曾为李大钊老师;翻译家白作霖翻译出版了第一本外国行政法学著作《比较行政法学》,任澄衷蒙学堂校长时,胡适在该校求学。民国初年,徐益修、顾怡生、顾贶予和曹勋阁被并尊为"通州四才子"。

一、名医陈实功

陈实功(1555—1636),字毓仁,号若虚,是明代名闻全国的外科专家。他的家就在通州城南长桥边上,长桥并不长,所以名"长桥"是因为有人送给他"医德长存"的牌匾,是他医德高尚的见证。传说苏州有个巡抚的母亲生了重病,被陈实功医治好了,巡抚拿出许多银子和丝绸感谢,陈实功不收,说:"行医是行善积德,不为钱财,你为官能为百姓做好事也是行善积德。"后来巡抚打听到通州南门的木桥破烂不堪,陈实功出诊经常要从桥上走过,就捐钱请人建造了一座石桥,并名为"长桥"。

陈实功有两个外号:一个叫"陈半仙",说他医术"神";一个叫"陈半升",说他虽为名医,却生活节俭,买米一次只买半升。他一生为人治病,钻研外科医学,在62岁的时候,完成了《外科正宗》的写作。这本书借鉴明以前历代外科医学的成就,结合自己四十多年的临床实践和经验,系统整理总结而写成。全书分四卷157类,对各种外科病症的病因、病理、症状、诊断、治疗、药方、手术方法都写得清清楚楚,还附有治疗案例和图示。全书脉络清晰,叙述精辟,成为后人学习中医外科的必读书,并且流传到海外许多国家,为中国医学赢得了荣誉。

陈实功在《外科正宗》里提出了医生的"五戒十要"。"五戒"就是行医的五个不准：不论病人贫富，要急人所急，不得拖延；对待妇女、尼僧病人，"旁若无人，不可自看"，要有陪伴，才能诊视；不准向病人索要财物，欺骗病人；不准在行医时游山玩水，饮酒作乐；发药要细心，开药方要规范，字迹要端正，要经得起检验。"十要"是对医生提出的要求：要学习经典医书，要"旦夕手不释卷"，并牢记在心，才能看病时不出差错；选买药品要正宗，要保证质量；要尊重同行，谦和谨慎，要向有学问的人学习，要帮助学问不及自己的人；要注重修养，生活要简朴，来往之礼要简单，对待贫困病人，要设法救助；不要收买"玩器"，以免浪费钱财；医药用品器械要精当齐整，不得临时缺少，前贤经典图籍和最近名家新刻医学著述，一定要找来参考阅读，以便增进学问。陈实功考虑周全，对病人无微不至，对医生严格要求，这些"戒"和"要"至今仍是医家必须遵循的原则。因此，"五戒十要"被美国乔治顿大学主编的《生物伦理学大百科全书》称为"世界上最早成文的医学道德法典"[1]。

二、包灯和石圃

包壮行（1585—1656）为明进士，官至工部主事，入清不仕，以制彩灯、筑园为乐。明邵潜《州乘资》记载他"以意裁蛇蜕为灯，花鸟树石，随手而成，极其工巧，人谓之包灯"。他制作的灯彩题材丰富，有花卉树木、鸟兽虫鱼、亭台楼阁、各式人物，制作材料也多种多样，有纸、绢、角，也有蝉翼蛇蜕。时人有诗赞曰："缉金剪彩艳朝霞，绝胜徐熙没骨花。点缀良辰铺锦绣，匡扶卿月露英华。"这首诗描述了包灯的形制："缉金"是说用金属细丝做灯的骨架，再用金纸缠裹，"剪彩"指做彩灯要用彩色的纸张或薄绢。徐熙为南唐画家，所绘花草纤巧艳丽与自然无异。说明包灯制作先要做好骨架，然后糊上彩绢或彩纸，再画上图画装饰，灯彩才像真的一样活灵活现。

如皋文人冒襄有一次夜宴，请客观赏通州夌玺徵制作的灯彩，听白璧双

---

[1]　南通文史编辑部：《历史星辰——南通名人的故事》，1995年。

弹琵琶助兴。陈世祥赋诗纪其事,诗题作"寒夜饮得全堂,观凌玺徵手制花灯,旋之张宅,听白璧双琵琶歌"。凌玺徵制作的就是包灯,陈世祥为通州人,称为花灯。许承钦赋诗有"羊脂灌蜡旋然灯,亭馆坡陀光不夜。兰笑石边莲笑池,枇杷桃杏纷葳蕤"等句,描述了凌制作的灯彩中有花、果、树、石,和《州乘资》记载完全相符。而冒襄赋诗却径称包灯了,他说,"谓凌友制包灯,白三弹琵琶也"。

乾嘉间通州人汪粜在诗中写到包灯:"上元灯市闹新春,制出包家巧绝伦。狮风牡丹都逼肖,云中立个散花人。"描述更加细致了。正月十五,包家灯以其精美绝伦亮相灯市。包灯不但在通州盛行,还传到如皋、泰州、扬州等地,人们仿制包灯的制作方法。仪征诗人王翼风在《包灯人》诗前有小序:"扬州灯市辕门桥极盛,缕彩为人,穷神尽态。明季有包壮行者,善制灯,故至今犹称灯包云。"诗中写道:"喧阗百众看争先,尽爱春风悦目前。画出好颜偏渥泽,逼真情事太缠绵。"以画图来做灯彩正是包灯的重要特色,不但制作人物,制作其他形形色色的鸟兽花草虫鱼,也都要用画笔来绘画辅助。[①]

包灯以制作精美、用料考究、题材丰富、手绘图画而受到广大百姓喜爱,得以流传。至今城北城隍庙每年元宵的花灯展,各种彩灯琳琅满目,映照得濠河也流光溢彩。

包壮行还擅筑园。制作假山,精心构思,以高雅自然为最高标准,不追求材料的高贵。他取材不用太湖石、灵璧石,而是就地取材,用狼山的普通紫石头。他说:"洞庭之滨,灵璧之下,石多奇巧……江南豪右之家倾材至于争斗。吾好朴,将以训子孙。故亡国富家之所好不存焉。江岸五山石,类有道者。端峭矩厉,俗人例不观,皆以朴故。其石取诸狼,从所好也。"包壮行垒建的假山取材当地,朴实自然,配以花草树木,起伏高低,疏密有致,极有境界。

他堆叠的假山最著名和具代表性的是"石圃"。石圃的四周除路口外都是石壁,有七八个由山石垒成的圃,高低、形状各不相同,种植的树木、花草也异彩纷呈。东南角的石圃内种着一棵大女贞树,枝叶覆盖面很大,夕阳西下

---

① 管劲臣:《谈包灯》、《谈包灯补》,南通市文学艺术界联合会编《江淮集》,2004年。

时,群鸟纷纷来栖,平添无限生趣。入口处外有一座石屏门,以横石料堆砌,进门向南,有五六级石阶,再向东三四级,再转向南,共约 20 余级,到达石圃的平台,然后可继续登顶。石阶两侧石壁很高.凹凸不齐,高处过人,低处齐腰。路外侧石壁有一豁口,每当大雨时,积水自此流下,注入地面一石块旁,宛如瀑布。山顶为免平坦,筑一茅草亭,亭四周有路,有大树和芭蕉、紫檀、樱花。从山顶到山脚有 7 个花台,栽植长绿树木,四季有花可赏。包壮行垒筑的山洞,多呈拱形,曲径通幽,变幻莫测,引得大江南北的人们都来仿制。他自己晚年也以"石圃老人"自号,可见他对自己的这门技艺颇有些自豪。

三、画坛双杰

仁者乐山,智者乐水。濠河水清清,透过河边的柳枝看得见狼山雄峙五山中,水光山色间是骚人墨客诗酒雅集、习文赏画的好地方。李黄、李堂父子在"借水园"结"五山画社",和陈菊村、陈揖石、吴西庐、保绚庵、凌镜庵等人,花晨月夕,烹茶品茗,谈诗论文,泼墨绘画。李堂曾说:"雅集南园日,联吟四十年。"范国禄和陈菊裳、童鲁人、杨簏等一帮诗友也常来借水园,"日夕唱和"。"扬州八怪"之一李鱓来通州,李方膺的父亲李玉鋐喜不自禁地赋诗"老梅似识故人至",李堂也欣喜地说"昭阳兄弟来天外"。他们寄情山水,尽日不足。通州画事之胜,有明至清,书画家有四五百人之多,且多名家高手。如清初有"三张一范",即张经、张雨森及张尚祖孙三代和范篪。《海曲拾遗》中记载了张经,说他无师自学,善画山水。张雨森在乾隆时为宫廷画师,他的画屡得乾隆嘉赏。接着有"三李"——李岫、李山、李堂,长于花卉。稍后又有"三钱"——钱球、钱莹(钱球弟)、钱恕(钱球之子)接轸宋代画风,学古人而不落其窠臼,苍润古朴,别具风采,山水独树一帜。钱球著《钱氏画谱参解》,有人认为可与《芥子园画谱》媲美。李敦谟的荷花,包壮行的墨梅,姜渭的指墨,汤密、周拔的墨竹,顾飚的竹石,谢谷擅长以枯笔作画,曹星谷的书与画,江鼎善用水墨写意画兰、竹,陶去骧、朱石甫、李芳梅、白懋初以书法名家,人称陶、朱、李、白……皆通州书画界一时之选。

　　乾嘉时期名噪大江南北、饮誉全国的要数李方膺和丁有煜,他们代表了通州这一时期画坛的一个高峰期,300年来他们不但享誉日盛,而且直接影响了又一个高峰期的到来,那就是以陈师曾、李祯、王个簃、刘子美、尤无曲、范曾、袁运甫、袁运生、顾乐夫等为代表辉耀于海内外画坛的南通籍当代画家。

　　李方膺(1697—1756),字晴江,号虬仲,别号衣白山人、借园主人等。李方膺三十多岁时以秀才保举贤良方正,做了六任州县。他为官清正,为民做事。他在山东任上,深入实际考察水利,写下了《山东水利管窥》;他反对劳民伤财的垦荒政令,被抓进监狱;下级官吏要向上司送礼,他送了两坛咸菜,上司心中不悦,借下棋挖苦他,他掀翻棋盘,拂袖而去。不肯媚上,以至入狱也不屈服。

　　李方膺的主要成就在绘画。他继承青藤、白阳、石涛、八大的恣意豪放的精神,且努力创新,以大自然为师。他任滁州知州时,去醉翁亭拜访那棵古老梅花,袁枚曾记此事:李方膺"入城未见客,问'欧公手植梅何在',曰'在醉翁亭'。遽往,铺毡罽,再拜花下"。这并非他疏狂卖弄,而是他向大自然学习的至诚表现。丁有煜评论他说:"谢事以后,其画益肆,为官之力,并而用之于画,故画无忌惮,悉如其气。"他的绘画题材以梅兰竹菊松石为主,而以画梅为著。他视梅花为"平生知己",他爱梅、画梅、赞梅,名其画室为"梅花楼",梅花傲骨脱俗,是为自己写真,他笔下的梅,老干苍劲、新枝劲峭,槎桠错落,由肆而奇。李鱓评其梅:"近见家晴江梅花,纯乎天趣,元章、补之一辈高品,老父但退避三舍矣。"他作画精气旺盛,意到笔到,物我一体,画中自有他的情绪和人格。他题画诗信手所写,说明自己作画旨趣,含义隽永。其题梅诗句如:"独占人间第一春,冰霜气骨玉精神"、"独向百花分别处,不逢摧折不离奇"、"最爱冰枝长且直,不知曲屈向春风";题画竹说:"自笑一身浑是胆,挥毫依旧爱狂风";题画松说:"如君已赋归田去,肯复低头事大夫"。李方膺有些作品,直接揭露了社会的黑暗。例如他画钟馗,腰缠铜钱,手持雨伞,还有题词:"钟馗尚有新鲜闲钱用,到底人穷鬼不穷。"金刚怒目专擒鬼怪的正面形象变成了一个搜刮民脂民膏的贪官和吸血鬼,讽刺矛头直指贪官污吏。

图 4-2 李方膺墨梅图

李方膺活了 60 年,他曾嘱托好友袁枚写"墓志铭",袁枚说:"性好画,画松竹兰剧咸精其能;而尤长于梅,作大幅丈许,蟠塞夭矫,于古法未有,识者谓李公自家写生,晴江微笑而已。"①丁有煜记李方膺临终前曾说:"吾死不足惜,吾惜吾手!"扬州八怪中,除了罗聘系后一辈而外,李方膺比之同辈六人年纪最小,从事绘画的时间比其他人要短些,而去世却是最早的,这样一双绘画的圣手,过早地停止活动,是令人惋惜的。由于通州自明朝以来一直是扬州府所辖的一个散州,清雍正二年,通州升直隶州,才和扬州脱离隶属关系,所以李方膺仍被归入"扬州八怪"之列。

丁有煜(1682—1764),字丽中,号个堂、个道人等,海门人,出生在通州城,比李方膺年长 15 岁,丁、李两家是世交。他们两人更是"雁行六十年",情同手足;"相交四十五年",肝胆相照。十五岁的李方膺已和三十岁的丁有煜结成忘年交,丁有煜有句:"我住短草巷,君住梅花楼。一日不相见,梅花短草愁。"可见他俩的形影不离。丁有煜一度入太学受业,但不久就放弃科考,致力于诗词与书画创作。他曾自谦说,学书无能,学画无成,业而勿专,老无一就,其实他的书画达到了很高的成就。他精于水墨,擅画梅、兰、竹、菊,曾自述"少工写竹,竹不离个",因自号"个道人"。他画的墨竹写意小品,笔触劲挺,"如金削管,如铁铸叶",寥寥数笔,意境全出。郑板桥曾在他的画上写了"以书为画"四个字,并题诗"日日临池把墨研,何曾粉黛去争妍。要知画法通书法,兰竹如同草隶然",说明了以书法为画的含义。丁有煜追求艺术个性,不落窠臼,敢于艺术创新,所以受到了郑板桥的推重。他虽不在扬州八怪之列,但他和八怪同属一个流派,和八怪中的李鱓、金农、黄慎、罗聘等人都有交

---

① 袁枚,《李晴江墓志铭》,《小仓山房文集》卷五。

谊。黄慎有一次来通州做客,依照别人口述给丁有煜画了像,因为在此之前未曾晤面,所以题了诗:"须眉宛若难谋面,千古相思在结邻。"这是一幅工笔素描,身为画坛高手的丁有煜也很满意,在画上题了《自题小照七解》和小传一篇,袁枚在卷末还有题记,为南通画坛留下了一段佳话。

丁有煜还在通州诗坛领袖四十余年,著有《双薇园集》、《双薇园续集》、《与秋集》。郑板桥曾赞道:"秋风秋雨双薇树,江南江北个道人。"他的诗在乾隆四十七年遭到禁毁。他的《中秋风雨》诗写"天心应忌满,此夜月羞明。愁于欢时伏,光从敛处生",比拟双关,自然引起官府的猜忌;他在《己亥荒》、《丙子岁》等诗中描写大水、大疫下百姓的苦难生活,与乾隆盛世的歌舞升平大相径庭,也不得统治者待见。

乾隆七年(1742年),丁有煜和李方膺倡议趁通州院考之际,遍邀通州及如皋、泰兴两县属的名流秀士组织画会,撷杜甫"何年顾虎头,满壁画沧洲"诗句,名为沧州会,订期十月二十一日,实际上是一场地方书画界联合展览、鉴赏和观摩的艺术盛会。后虽因官府的反对而中止,却说明了丁有煜和李方膺在通州书画界的号召力,他们是通州画坛高峰期的杰出代表。

四、冯氏《金石索》

冯云鹏(1765—1835)、冯云鹓(1779—1875)兄弟生活在嘉庆、道光年间,他们精诗文,工书法篆刻,擅鉴赏收藏。冯云鹏多次乡试未中,但他多才多艺,研究戏曲和金石书画。冯云鹓考上进士,在山东任知县。为了探讨学问,他请兄长长期在嶧阳县任所居住,公务之暇,和兄长探访孔孟故里,游览曲阜、泰山、任城、元城等地。齐鲁大地自古为文化之邦,他们访寻古迹,搜集鼎彝古器、金石瓦当,"罗列满几,以相与赏析",一些文友也"时以拓本相持赠"。兄弟俩开始辨析考证,著书立说,"三年而竣,凡三十余万言"。这就是在中国金石研究史上占有重要地位的著作《金石索》。①

---

① 王树堂:《冯氏兄弟 金石鸿篇》,《江海春秋》2012年第6期(增刊)。

《金石索》十二卷,其中金索、石索各六卷。金索卷一著录商至元代彝鼎,卷二著录商至后梁时期古兵器及秦至元代的度量衡器具,卷三著录汉至元代的杂器,卷四著录秦至元代的钱币,附外国古代钱币,卷五著录秦至元代的印玺,卷六著录汉至元代的铜镜,附日本铜镜多种;石索卷一至卷五著录商至元代碑碣,卷六著录周至唐代的砖和瓦当。每件著录物件均有绘图及文字说明,并加以考订。如在一尊彝器旁写道:"此彝形制甚古,色亦斑斓,腹外俱作方文,有乳突出,两耳作虎首形,与考古图所载虎彝、博古图所载乳彝相似,真周器也。"不但考证,还讲了来历:"壬辰春暮,有自任城来售者,予极爱之而力不能得。孔伯海储公以百缗得之……可为闾里增一宝玩矣。"对古砖瓦当也一一加以说明,如一块为长乐未央的瓦,在图旁也写上注释:"此长乐宫瓦,考三辅黄图,长乐宫本秦之兴乐宫。高皇帝始居栎阳,七年,长乐宫成,徒居长安城。三辅旧事,宫殿疏皆曰兴乐宫,秦始皇造,汉修之,周回二十里也。"①

冯氏兄弟是收藏家,收藏的目的是保护,著书立说,传之后人。冯氏兄弟在搜集古器著述时抢救了很多国家珍宝。一友人在序中对《金石索》作了很恰当的概括和评论:"凡属先代所留传,前贤之手泽,铭词足据文献有徵,无不厘然具备。其考核之精详细,论驳之确当,实有发前贤之未发,为唐宋诸儒拾遗补缺者。又手自勾摹,工细曲肖,不知几经岁月,萃精会神,而后成此不朽之盛业也。"冯氏兄弟除了这部书,还著有《崇川金石志》、《济宁金石志》、《雪红亭吟稿》、《红雪词》等。

五、《徐氏全书》

徐昂(1877—1953)出生于通州的书香世家。六岁时开始在父亲指导下读书,转益多师,曾受教于如皋管仲谦、通州孙敬铭、孙伯龙、范伯子诸名家。1898年,他在州试、岁试中都考取第一名,被江苏学政瞿鸿禨赏识招致江阴南菁书院深造。他在书院读书,日夜攻读三典(康熙字典、英文字典、日文字

---

① 《金石索》,清冯云鹏、冯云鹓辑,道光元年石印本。

典),持之以恒,熟读背诵,人称"三典先生"。后来,他还师从著名诗人范当世学习,深得范氏赞誉,说他"文沉挚而博茂"。

毕业后的徐昂在师范学校和中学任国文和日文教师,还被县教育会推举为评议员。他从三十多岁开始,孜孜不倦地发奋著述,致力于国学研究。数十年间写出了《易林勘复》、《京氏易传笺》、《释郑氏爻辰补》、《周氏虞氏学》、《周易对象通释》、《音学四种》、《休复斋杂志》、《诗经形释》等三十余种国学专著,他的音韵学成就得到了著名学者黄侃的肯定。徐昂对易学和音学的研究没有师承,全靠自学,"乃殚思竭虑,研索推求,坐卧眠食,舟车旅寓,随时随地,神思系焉",自学的艰难自不待言。他曾说:"学问难,我无奈它何;我不怕难,它亦无奈我何。"徐昂自学的刻苦和决心可见一斑。民国初,通州有"四才子"之说,徐昂以其学术成就名列其首。

徐昂的易学类著作有 12 种。《易经》被誉为"群经之首,大道之源"。西汉时京房著《京氏易传》阐述易经,到宋时文字已缺漏舛误。徐昂著《京氏易传笺》对《京氏易传》正确注释,揭示西汉易学的蕴奥,使这部著作重现学术生命。徐昂的《释郑氏爻辰补》也是对易学研究的一大贡献。郑氏康成是东汉大儒,清末戴棠著有《郑氏爻辰补》,以汉魏以来诸儒爻辰解易的方法来补充郑氏易注,而徐昂综合 64 卦所居爻辰解释并订正戴棠所著。徐昂还著有《周易对象通释》,全面归纳易理的种种笺注解释,使各家易论的阐述融会贯通,和谐完美。

徐昂的音学类著作有 11 种。徐昂认为,音学分声学和韵学,前人对韵学论述很多,声在韵前,也应予以深入的研究,才能真正搞通声韵,他的《声纽通转》就是关于声学的专著。清代音韵学家孔广森分古韵为十八部,章太炎作成韵图,徐昂著《等韵通转图证》,以简驭繁,由博返约,取十二韵摄约为八部,阴声阳声各占其半,"研求韵摄之转等与等韵之转摄",并取古训方言,以资考证。这是继章太炎之后,综合前人研究成果的很有创见的韵学专著。徐昂又做"明经传训诂"的研究,其《说文音释》对许慎、段玉裁的《说文解字》及注释,按声韵原理开展析解订正;《楚辞音》也从声韵学角度对原本错误及注释予以订正;《诗经声韵谱》运用审音的方法贯通《诗经》,由声韵的错综以求音调的和谐,韵协声谐,发《诗经》之内蕴,使诗更具乐感。

徐昂的杂著类著作有 10 种,涉及面宽广。其中《马氏文通订误》,对《马氏文通》逐条订正,还对杨树达的《马氏文通刊误》进行再刊误。《文谈》论述历代古文及其写作技巧,《自序》中说:"学者如能于他国文字之体制义法音韵,旁通曲达,会心圆融,则其文化之水准,必益高峻",这些议论都极有见地。《休复斋杂志》则记录了他的生平和学术思想。

因徐昂的学术成就,1934 年杭州之江大学聘他为国文系教授。还曾兼教于无锡国学专科学校及京江中学。1942 年,之江大学因太平洋战争爆发而停课,他回到家乡南通,曾因拒绝伪职而生计无着,后赴抗日根据地,在南通县中温家桥侨校任教。他的崇高气节和"饥犹择食"的名言,被人们称颂。

新中国成立后,徐昂被聘为江苏省文史馆馆员。他的《徐氏全书》1953 年全部出齐,共 37 种、94 卷、120 万字,其中一半是易学著作,奠定了他在易学史上的重要地位。[①] 徐昂还是一位成功的教育工作者,他的学生魏建功、陆侃如、王焕镳、任铭善、蒋礼鸿、王个簃、陈从周等后来都成为著名学者。

六、科史留痕

李约瑟在《中国科学技术史·第一卷·第一章前言》里说:"假如没有这样一位合作者的友谊,本书即使能出版,也将推迟很久,而且可能会出现比我们担心现在实际有的甚至更多的错误。""他在中国史学研究方面的杰出训练,在我们的日常讨论中,一直起着很大的作用。"李约瑟所说的这位合作者就是南通人王铃。王铃最早协助李约瑟进行《中国科学技术史》的研究和写作,开创了李约瑟和中国学者成功合作的范例,为以后更多中国学者和科学家协助李约瑟最终完成《中国科学技术史》的写作作出了杰出贡献。

王铃(1917—1994),生于南通城内朝阳楼巷。家中虽不富裕,却藏有许多古籍,王铃从小就跟祖父熟读家中藏书,这为他以后从事历史研究打下了

---

① 徐放:《国学大师徐益修》,《江海春秋》2012 年第 4 期(增刊)。

扎实基础。1936年他从南通中学毕业后考入中央大学历史系,毕业后进入傅斯年主持的历史语言研究所。王铃不但学业优秀,而且关心国家前途和命运,他和陶大镛等人曾在重庆组织过"中苏问题研究会",聆听过周恩来的演讲。他积极参加爱国人士和民主党派的各项活动,对国民党政府的专制独裁进行抗争。1946年2月重庆发生较场口事件,郭沫若、李公朴等六十多人被国民党特务打伤,王铃挺身而出与特务斗争,使郭沫若记住了这个正义、勇敢的青年人。新中国成立后,郭沫若任中国科学院院长,两次写信邀请王铃回国组建中科院自然科学史研究所和写作《中国科学技术史》,并分别寄去2000英镑作为路费。因为种种原因,王铃未能成行,他对郭沫若的邀请和未能及时回国一直表示深深的歉疚。

1943年6月,李约瑟在四川李庄中央历史语言研究所参观,在与该所所长傅斯年讨论中国科学史时,傅斯年向李约瑟介绍了所里助理研究员王铃。李约瑟很赏识年轻而才华横溢、博闻强记的王铃,王铃则对大名鼎鼎中西文化学识渊博的李约瑟非常敬佩。李约瑟在剑桥大学任生物化学教授时,已立志要写"一本过去西洋文献中旷古未见的关于中国文化中的科学、技术和医药的历史专书",这就是后来震动世界的《中国科学技术史》的初步构想。

1946年,王铃在李约瑟推荐下,获得英国文化委员会奖学金赴剑桥大学圣三一学院留学。1948年,李约瑟在剑桥大学开始与王铃合作,撰写《中国科学技术史》。李约瑟说,许多中国学者和科学家同他一样,内心感到困惑,为何博大精深的中国古文明消逝在时代的巨轮中,而无法创造出近代的科学技术。这就是李约瑟和中国学者、科学家的共同思索,也是他们的精神沟通点和契合处。

从1954年始,李约瑟和王铃合作撰写的《中国科学技术史》部分卷册在剑桥大学出版社出版,它们分别是第一卷《导论》,第二卷《科学思想史》(1956),第三卷《数学、天学和地学》(1959),《天钟:中世纪中国的大天文钟》(1960),第四卷《物理学及相关技术·第一分册·物理学》(1962),第四卷《物理学及相关技术·第二分册·机械工程》(1965),《中国与西方的学者和工匠》(1970),第四卷《物理学和相关技术·第三分册·土木工程与航海技术》

(1971)，第五卷《化学及相关技术·第七分册·军事技术：火药的史诗》(1986)，直到王铃去世的 1994 年，还出版了第五卷《化学及相关技术·第六分册·军事技术：投射器和攻守城技术》。

如此巨大的研究工作是在异常艰难的条件下进行的。李约瑟一面在基兹学院讲授生物化学，一面利用业余时间进行研究。王铃迫于生计，1957 年离开剑桥在澳大利亚谋得一教职。但他们的合作并未中断，他们一起为《中国科学技术史》的写作付出了毕生的精力。1988 年 8 月，在第五届国际中国科学史学会议上，美国华人协会为表彰王铃、鲁桂珍协助李约瑟撰著《中国科学技术史》的功绩，分别授予他们三人"为公奖金"。

王铃还为维护国家领土安全作出过贡献。1962 年中印边境自卫反击战爆发。王铃当时身在澳洲，他记得在英国时曾在图书馆看到英驻印度总督测绘的印度地图，其中的中印边界线和中国政府的划分基本符合。为了给祖国提供有力的证据，他专程从澳大利亚赶往英国，在伦敦图书馆的书库里，翻检查阅出封存多年的当年英国殖民政府绘制的印度地图，复制后送交中国驻英机构。1962 年 11 月 20 日，《人民日报》刊出了 5 幅英文版《印度地图》，中国政府依据这些事实驳斥了印度政府的无理要求，维护了祖国的尊严和利益，又赢得了世界各国舆论的广泛支持。

1989 年 9 月李约瑟和鲁桂珍结婚，王铃寄赠了条幅："科史万端付后论，留痕三七坐春风。而今克士堂前愿，和合东西企世同。约瑟老师桂珍师母宴尔新婚。"有一张晚年李约瑟和王铃的照片：李约瑟坐在书桌前，伸出右臂把王铃揽在身；王铃站在他身旁，右手紧握李约瑟揽他的右手，左手搭在李约瑟肩上。拳拳之忱，令人动容。

第三节　城南空气文明远

通州城，濠河畔，人文荟萃，贤才辈出，人文造就了历史，历史彰显了文化，延绵千年的濠河历史彰显了沉蕴深厚的濠河文化。濠河文化发展到近代出现了一个高峰。1840年鸦片战争后,中华民族面临前所未有的危机,特别是1894年中日甲午战争的惨败,使整个民族悚然惊醒。在亡国灭种的恐惧之下,有识之士把目光投向了西方,开始走上学习西学、变法图强的道路。1898年《国闻报》刊登的《上海强学会章程》,把"译印图书"、"刊布报纸"、"开大书藏(图书馆)"、"开博物院"列为"最要者四事"。短短数年之中,在通州这个僻居长江北岸的小城,南濠河边,就出现了一个文化区域:创办了中国第一座博物馆南通博物苑,建成了中国早期公共图书馆之一的南通图书馆,设立了中国最早的出版机构之一翰墨林编译印书局,出版了《星报》、《通报》、《新通报》、《通海新报》等报纸。张謇不无自豪地在通师附小的校歌中写道:"城南空气文明远:奕奕图书馆,博物堂堂苑……"当"春秋佳日"或"夕阳西下",居住在濠河边的人们在博物馆观赏植物和文物,到图书馆读书看报,走进剧场看一场新编的现代京剧或话剧,流连在公园或体育场,休养身心锻炼体魄,或者就坐在家里,看一本刚刚从翰墨林印书局出版的还飘散着油墨清香的新书……人们享受着文化的嘉惠和熏陶。人的文化素质的提高是无法用数量来衡量的,但人的素养的提升对南通经济社会全面迅速发展有着直接关系,社会进步、实业发达、教育兴盛、文化繁荣和人的素质形成良性互动,共同发展提高。

一、民智兮国牢

1904年,张謇亲自为通州师范学校撰写了校歌:"狼之山,青迢迢,江淮之水朝宗遥。风云开张师范校,兴我国民此其兆,民智兮国牢,民智兮国牢,民智兮国牢,校有誉兮千龄始朝。"张謇曾指出:"非人民有知识必不足以自强,知识之本,基于教育。"教育关乎民族存亡、国家盛衰,要提高人们的文化知识水平必须先办教育。

张謇认为启发民智必须多设立小学普及国民教育,而要办小学,必须先办师范学校培养师资。1903年4月,中国第一座民办中等师范学校——通州师范学校在东南濠河畔建成开学。学校聘请了著名学者王国维、博物名家兼画家陈师曾、历史学家屠寄、古典文学家朱东润等任教,还从日本聘请十多位教员。为了给女子创造学习机会,不久又创办了通州女子师范学校。该校除普通课,还开设家政、艺术课程,附设手工传习所和幼稚园。通师和女师的建立为普及小学教育培养了大批师资。1904 年、1905 年,南通第一所初级小学、高等小学相继建立。南通设立"通州五属学务处",统筹推广新式教育,规划中小学教育建设。据 1923 年的统计,南通(包括乡村)有初等小学 350 所,完全小学在校学生 23420 人。这在中国近代教育史上是史无前例的。

南通教育的兴盛吸引了许多中外学者的目光。1920 年,美国教育家、哲学家杜威在黄炎培、沈君默、陈鹤琴等名流陪同下到南通讲学考察。他在参观南通教育以后的演讲中说:"今兹一度游,觉此邦文物,吾后来殆眷恋不忘;而最足印吾心目中者,厥惟师范教育。"①张謇遇到了他的异国知己。

旅法画家赵无极的父亲是上海银行家,却羡慕南通"中、小学教育质量好,教学严格",将儿子送到距上海百里之遥的汇北小城里读书。赵无极晚年在《自传》里仍怀念他青少年时期在南通的读书生活:"这种严格而精心的教育,一直延续到我进入杭州美专才结束,培养了我锲而不舍的进取精神。直到今天,我还会在一张未完成的作品前一画数小时,一如少时埋头于那些并不能理解的诗词。我画画时,像当年学习写字一样,虽然辛苦,但同时也感到莫大的快乐,精神处于一种亢奋状态之中。"②赵无极的小学、中学教育及其美术启蒙是在南通完成的。

南通的教育和本地区的发展密切相关,学校按需而设,学以致用,这在职业教育方面表现得十分明显。如"为解决纱厂的技术力量而兴办的纺织专门学校,为垦荒植棉发展农业而设立农业学校,为繁荣地方经济加强产品交流而创办商业学校及银行专修科、工商补习学校,为搞高人民健康水平、发展卫生事业而创立医学专科学校,为解决妇女就业问题而创设女工传习所、发网传习所、保姆传习所,为利用戏剧改良社会风气,培养新一代演员而创办伶工学社……"③南通先后创办了二十多所各种专业、学科的职业学校和训练班,

---

① 张绪武:《张謇》画传,中华工商联合出版社 2004 年版。
② 赵无极、弗朗索瓦兹·马尔凯:《赵无极自传》,邢晓舟译,文汇出版社 2002 年版。
③ 张廷栖、孟村:《早期现代化的先驱——张謇》,苏州大学出版社 2010 年版。

适合于培养各种文化层次的人群。这样多学科、多层次的职业教育体系,适合南通经济发展的办学道路。

南通的高等教育也逐步发展。师范学校附设的测绘、蚕桑、农、工等科,通州中学附设的国文专修科等,也可看作高等学校的预科,为发展高等职业、技术教育做好了准备。师范农科在 1911 年独立建初、高等农业学校,1919 年改为南通大学农科,1928 年和医科大学、纺织大学合并为南通大学。南通教育还关注到社会上的残疾人和特殊人群。1916 年,南通盲哑学校开学,盲生分音乐、针案、按摩等科,哑生分图画、雕刻、裁缝等科。还建立贫民工场、栖流所、济良所、残废院,对这些特殊人群也开展"职业技能之训练",开设有"国文、伦理、算学、缝纫、手工、浣濯、烹饪"等课程。南通出现了从学前教育到高等教育,从普通教育到职业教育乃至特殊教育的各种形式各种类型的学校,使接受教育的人群几乎覆盖到社会的每一个阶层,形成了一套以提高人的文化素质、技术职能为本的、适应南通地方经济文化发展需要的教育体系。

南通各类学校聘请了一批中国著名学者、专家任教,他们以先进的治学理念和学术成就,繁荣了濠河文化,他们的学生走向全国,也促进了濠河文化与外界的融会交流;聘请的外国教师带来西方的教育观念和教科书,使相对闭塞的濠河文化融入了西方的元素;杜威等外国学者、友人的访问,促进了中外文化的交流,也使濠河文化走向国外,让西方了解了南通。南通教育的兴盛促进了濠河文化迈向了一个新的发展高峰。

二、博物苑图书馆

张謇致力于实业、教育救国,他认为教育不仅仅在于创办学校,还需要设立图书馆、博物馆,让读书人能广泛搜集文献,综览古今知识,得到实物比照和实验机会,才有益于造就国家急需的博学通识的人才。

1903 年,徐树兰在绍兴创办古越藏书楼,表明我国近代传统的藏书楼已开始向公共图书馆转化。张謇立即撰写了《古越藏书楼记》,赞扬古越藏书楼的诞生,表明自己也"欲效先生之所为",如果全国各地"各得一二贤杰,举私家所藏书公诸其乡"，设立图书馆，"与学校并重"，中国何愁不与外国一样，"民愈聪，国愈富"呢！张謇以教育家的眼光把办图书馆放到和办学校同样重要的位置，并且呼吁全国各地州县设立图书馆。

图4-3　南通博物苑中馆南官历史照片

1905年9月，清政府废除科举并设学部主管教育，张謇立即撰写了《上学部请设博览馆议》。这时候的张謇已经考察了日本，对日本的教育、文化等机构已有相当了解。他认为东西列强先进于中国原因在于"教育之普及，学校之勃兴"，"盖有图书馆、博物院，以为学校之后盾，使承学之彦，有所参考，有所试验，得以综合古今，搜讨而研论之耳"。他主张图书馆和博物馆以博览馆的模式开办，他吁请："今为我国计，不如采用博物、图书二馆之制，合为博览馆。饬下各行省一律筹建。更请于北京先行奏请建设帝室博览馆一区，以为行省之模范。"将博物馆和图书馆的兴办通过国家的力量推行到全国各地去。张謇的这些主张在《上南皮相国请京师建设帝国博览馆议》里作了详尽的阐述，他建议清政府向日本学习，在京师建设"帝国博览馆"。他认为博物馆和图书馆应建设在同一区域，两馆紧密联系，互为补充，才能"睹器而识其名，考文而知其物。纵之千载，远之异国者，而昭然近列于耳目之前"，这才是张謇理想中的博物馆、图书馆的建设模式。

张謇的两次呈书遭到搁置后，1905年年底，张謇在州城南，师范学校河西创办了南通博物苑。这是中国人自办的第一所博物馆。到1914年，南通博物苑已初具规模。博物苑藏品分天产、历史、美术和教育四部，共有文物标本

2973 号。当时的博物苑是集自然博物馆、历史博物馆、植物园、图书馆等诸多功能于一身的博览馆。

张謇在办博物苑后仍念兹于办图书馆之事。博物苑的美术部除雕刻、瓷陶、绣织等类，还搜集"老师先生经史词章之集，方技书画之遗"及"先辈文笔"。显然"经史词章"、"先辈文笔"是指图书和地方文献，可见张謇希望建设"博览馆"。① 1908 年他又写了《请建图书馆呈》。历史终于给了张謇办图书馆的机遇，1912 年辛亥革命波及南通，张謇在城南东岳庙遗址兴建了南通图书馆。图书馆有各种用房 67 间，书橱 200 架，图书 13 万卷，年经费 4000 元，还预筹开设儿童、妇女阅览室，置巡回书库。这个规模，在当时已和省级图书馆颉颃。至此，张謇的博览馆设想在南通得以实现，图书馆和博物苑在同一地域，毗邻而建，形成一个文化区，从而便于人们更好地利用。张謇的博览馆理论科学合理，有积极的现实意义。

张謇不仅提出博览馆理论，还制定出一整套具体实施方案，从建筑、陈列、管理到馆长的人选都规定得十分详细。他认为博览馆"所最注重者则择地"，"其地便于交通便于开拓者为宜"，选址非常重要，要交通方便，即读者到馆方便。至于博览馆建筑，他认为"宜闳博皑爽无论矣"，即博大宽敞明亮，楼不一定要高，"则以颁存之品物容积为率"，也就是要实用；"馆中贯通之地，宜间设广厅，以备入观者憩息"，要能容纳更多的读者；"隙地则栽植花木，点缀竹石，非恣游观，意取闲野"，要求环境幽雅；"室中宜多安窗，迎光而远湿"，要求采光好，不潮湿；"庋阁之架，毋过高，毋过隘，取便陈列，且易拂扫"，要求方便工作人员取用和清扫。管理方面，"则非派一秩位较崇学术通达之员不可"，即要聘请德高望重的学者担任管理；"至于审订编制，尤当不拘爵位，博选名流以任之"，要请专家采访图书，编制目录；"严管钥、禁非常，及其他种种之有妨碍者，均当专定章程期限遵守"，要有严格的规章制度；"必得通东西洋语言文字二三员，以便外宾来观，有可咨询"，要重视外语的学习，重视中外文

---

① 黄少明：《我国早期图书馆对博物馆事业的贡献》，《图书情报工作》2005 年第 11 期。

化的交流……许多原则至今仍是我们博物馆图书馆建设必须遵守的准则。①

南通博物苑和南通图书馆在中国博物馆、图书馆发展史上具有重要意义。"西学东渐"，濠河对西方的博物馆、图书馆思想敞开了胸怀，显示了中国人对外来文化的积极态度，把外来的形式融化到自己的文化肌体中。南通承载了建设中国第一座博物馆和早期公共图书馆的历史重任，在我国博物馆、图书馆发展史上写下了辉煌的一页。

三、翰墨林印书局

为了解决学校教科书以及各企业账略、账册、商标、广告印制问题，张謇发起成立"翰墨林印书局股份有限公司"，于 1903 年在南濠北岸建成，前后负责人为张詧、诸宗元、李苦李、王世禄、孙庭阶。翰墨林印书局的创办比商务印书馆晚 6 年，先于中华书局 8 年，是中国近代出版印刷机构的先驱之一。

为了保证翰墨林印书局的管理和经营，制定了《翰墨林印书局章程》，计有总则 6 款，银钱账房章程 13 款，工料账房章程 30 款，总发行章程 16 款，对书局各项事务加以严格规定。书局设有经理室、编校室、活版部、石印部、印刷部等。编校室分编辑和校对人员；活版部设浇字间，负责浇刻字模；印刷部、石印部设排字间、印书间，负责书籍的印刷；装潢部设装订间，负责书籍的装订。书局对图书编辑有严格的初校、复校和总校制度，层层把关，各负其责，奖罚分明，在出版印刷质量上保证了书局的信誉。

翰墨林印书局重视版权和知识产权保护，张謇在书局创办之初的 1904 年就呈文两江总督魏光焘，要求官府出面保护出版者权益。呈文中说"查各国印书，最重版权。中国近今编译各书局亦均有版权之请。今恳咨明商部批准立案，并求札饬沪道出示：严禁各书贾翻印通州翰墨林书局编译之书，并照会租界领袖总领事立案"。翰墨林印书局出版的新学教科书及各种图书，成为社会和学堂的急需用书，盗版翻印的问题也随之而来。书局除了向地方政

---

① 曹从坡、杨桐等主编：《张謇全集》（第四卷），第 275—277 页。

府求助,还在报刊上声明版权所有,不准翻印,在所印图书内也印上版权标记。翰墨林印书局是我国较早具有版权保护意识并开展版权保护工作的出版机构。

翰墨林印书局从创办到新中国成立的四十多年里,出版印刷了大批图书,占据了南通及苏北地区的图书出版市场。它能够与商务印书馆、中华书局、大东书局、开明书店等七家大书局联合组成的教材印刷发行机构相抗衡,垄断南通地区学校教材的出版发行。书局在初创时期出版了大量教材,如《中国地理讲义》、《乡土历史地理教科书》、《中学算术教科书》等;还出版了许多学术书籍,如《岱源诗稿》、《龚定庵集》、《兴学要言》等;为鼓吹立宪,还出版了翻译的《日本议会史》、《英国国会史》等。书局从创办初期几年到20年代是发展的高峰期,张謇致力于地方自治,除了教材,还出版了许多介绍南通的图书,如《南通县教育状况》、《南通农业学校辑要》、《通州兴办实业之历史》等;同时出版了张謇的许多著作,如《癸卯东游日记》、《张季子九录》、《啬翁恳牧手牒》、《张啬庵先生实业文钞》、《张季子说盐》等。据不完全统计,这一时期出版有诗文、史传、地理、教育等类图书数百种。图书的大量出版促进了读书风气的形成,培养了浓厚的文化氛围,推进了学术交流,使濠河文化走向全国,走向世界。

图4-4 翰墨林印书局照片

翰墨林印书局为我国的出版事业及文化传播,也为南通的文化发展作出了不可替代的贡献,为我们研究中国近、现代史,研究张謇及南通,留下珍贵的历史文献资料。

四、棉作展览会

博览会是近代工业文明发展的产物,通过展陈各种商品,总结交流生产制作技术和经验,促进销售,开拓市场。广义的博览会还应包含具有社会教育功能的博物馆、展览馆、美术馆等。通州在 1907 年设立商品陈列所,由张謇、张詧捐资赞助南通商会举办,所址在城西南隅濠心墩魁星楼基址建造。陈列商品分为天产、工艺、美术、教育和参考五个部分。后迁至城内,因商品陈列所及劝业工场对于工商业前途有密切关系,故在新址分前半部为劝业工场,后半部为商品陈列所。1909 年 9 月,通州把征集到的准备参加"南洋劝业会"的各种产品开"物产会"陈列,供人参观。展览物品很多,有"以垦区作为良种的鸡脚棉,大生纱厂的棉纱,吕四出产的鱼类标本,常乐镇颐生酒厂的酒等"。会址选在"市河岸",由商会担任布置。

南通对博览事业情有独钟。1903 年张謇到日本考察,刚到大阪就去参观劝业博览会。1906 年,清政府参加意大利米兰渔业赛会,时任商部头等顾问官的张謇建议,成立七省渔业公司联合参展,绘制《江海渔界全图》,表明领海主权,新成立的江浙渔业公司展品参展前在上海设展陈列三天,其中有不少南通的产品。1910 年在南京举办的南洋劝业会更是全国性博览会,以张謇为首的东南绅商是这次博览会的实际组织者。张謇在农商总长任上制定《商品陈列所章程》,组织中国参加美国巴拿马太平洋万国博览会,参展品十余万件,获奖千余枚,其中金奖 258 枚。张謇较早地认识到博览会的作用,积极倡导、推动并亲自实践,南通创办了博物馆、商品陈列所,为中国近代博览会事业作出了开拓性贡献。

南通地方适宜种植棉花,是大生纺织企业的重要原料基地,但棉花品质日渐退化,而外棉产额在不断增加。南通创办农业学校,以改良棉作为主旨,搜集到欧美、印度及各省优良棉种150余种，培育出纤维长2.1英寸的优良品种。但如果不推广到农家栽种，"犹之富人日守窖金而不谋用途，徒夸财雄耳"，用实物展览的形式，而对广大农民来说，直接看到实物，通过讲解人员手把手地教授，当然是最好的方式。

1915年的元旦南通农校举办第一次棉作展览会，接着在狼山南麓设立棉作试验场。为了吸引更多的观众，同年10月31日，农校又在中公园举办棉作和菊花展览会，两三天内售出票数以千计。南通农校在1917年和1918年的元月于中公园又分别举办过露天棉作展览会，张謇亲自写了广告："就南通县南门外本校农场，罗列各种棉种、种法图样，开露天展览会讲演及改良方法，附赠《种棉浅说》，凡我农友，均可来观。"在学校和公园举办展览，农民前来参观者毕竟还是少数，因此还举办乡村巡回棉作展览会。这种展览至为简单，优良株标本十余盆鸡脚棉、花叶纤维、种子等标本数件、图表十余张、红绿标语数张而已。只要2名工人就能肩挑而行，15分钟就能布置完毕。开展览会时，为吸引人气和助兴，还带留声机一架，播放乐曲。农民参观时有所咨询或疑问，工作人员作个别辅导，教授专业人员还到乡村举办选种指导会，携带良棉标本及资料，深入农民田头实地指导。南通乡村小学普及，场部借小学校舍开棉作展览会，送棉作标本到各校陈列，场长亲往各处乡村小学作演讲。这些举措都取得了较好的效果。①

据通海如棉业公会编《民国十四年棉产统计报告书》，上一年全国棉花亩产24斤，通如海地区"汰劣存良，耕种得宜"，棉花亩产45斤，高出全国平均数1倍以上。以展览会的方式大力普及推广农业生产技术，是通海一带棉业迅速发展的重要原因。

---

① 赵鹏：《劝农利用佳时节——张謇与棉作展览会》，张謇研究中心编《张謇研究年刊》，2008年。

第四节　南派北派会通处

随着一批文化设施相继在濠河两岸出现，濠河文化进一步体现出强劲的生命力及其开放性、包容性。王国维、陈衡恪、屠寄、沈寿、欧阳予倩、朱东润等一批知名专家学者及许多外国专家前来任教任职；韩国学者金泽荣来南通出版了三十余种朝鲜汉文文献；京剧大师梅兰芳和欧阳予倩在更俗剧场同台演出；中国科学社第七次大会在南通召开；在南通的城市建设的鼎盛时期，中外人士纷至沓来。美国哲学家杜威称赞南通为"中国教育之源泉"，《密勒氏评论报》曾经对南通作了长篇报道，其主编鲍威尔说南通是"人间天堂"，日本的内山完造称赞南通是"理想的文化城市"……"南派北派会通处"，南北交汇，中西融通，发展创新，濠河文化迈向了一个新的高峰。

一、韩儒金沧江

"余坐书局北窗下校印书数纸罢，视日向晡矣。"①晡即申时，午后三时到五时，这位勤奋工作的翰墨林书局职员就是韩国著名诗人金泽荣。金泽荣（1850—1927），字于霖，号沧江，晚年又称长眉翁，是进士，官至弘文馆纂辑所正三品通政大夫，李朝晚年著名历史学家、古文家。

金泽荣和张謇的交往始于光绪壬午年（1882 年），当时清政府应朝鲜国王李熙之邀，派遣庆军统帅吴长庆率部赴朝协助平定军乱，张謇作为庆军幕僚随军出征。张謇协助吴长庆运筹帷幄，出奇制胜，显示出杰出的才能，赢得了朝鲜许多有识之士包括金泽荣的尊敬。金泽荣曾到清军驻地看望张謇，并赋诗赠别，张謇也赠送金泽荣印石和墨，两人从此结下终生友情。1905 年，金泽

---

①　金泽荣：《丙午五月十三日游南通翰墨林书局莲池记》，《金泽荣全集》（一），韩国亚细亚文化社 1978 年版。

荣不愿当亡国奴，毅然携妻儿流亡中国。他到上海找到张謇，时值翰墨林印书局初创，需要人才，张謇便聘请他到翰墨林任编校。

金泽荣的文学和史学成就得到中、韩学者的高度评价，张謇在朝鲜初识金泽荣就说他的诗文为"东才之翘楚"。金泽荣的史学著作体现了炽热的爱国主义精神，他在翰墨林印书局埋首著述，编辑出版了三十多种书籍，为弘扬和保存朝鲜民族文化精华，鼓舞朝鲜人民争取民族独立和解放，提供了强大的精神力量和重要的文献支持，也为翰墨林印书局的繁荣和发展作出了贡献，在中外文化出版交流史上写下了浓墨重彩的一章。

金泽荣在翰墨林首先编辑出版的是《申紫霞诗集》。申紫霞为朝鲜著名诗人，金泽荣二十多岁时看到他的诗稿就深为折服，惜其未刊。金泽荣流亡中国，简陋的行囊中带着申紫霞的诗稿本。后来诗稿得以在翰墨林出版。初印一千部"韩人主刊者尽数输去，以为售计故，余不得布之于中州，心常恨之"。后陈星南、习位思、费范九、徐贯恂、瞿竟成等南通学者襄助重印出版，金泽荣分送中国文友。中朝两国同属儒学文化圈，在近代又有着极其相似的历史遭遇，都饱受日本帝国主义的欺凌，故国黍离之痛最能牵惹文人的心怀。1911年，金泽荣诗文集《韶护堂集》出版。张謇为之作序说："沧江独抗志于空虚无人之区，穷精而不懈，自非所谓风雨如晦鸡鸣不已者乎！道寄于文词，而隆污者时命，沧江其必无悔也。故为之撼所感以序其诗。"[1]一个文人以天下兴亡为忧乐，虽流亡他乡，仍恪守忠孝节义，以诗文言志载道，以诗文报国，这是值得钦佩的。

除了诗文创作，金泽荣把更大的精力放在修纂祖国的历史上，为整理、保存民族文化精粹而殚精竭虑。对于金泽荣以史报国的用心，张謇在金泽荣著《韩国历代小史》的序中说："嗟乎！此以人而言也，言乎国则謇独以为哀莫大于史亡，而国亡次之。国亡则死此一姓之系耳，史亡，不惟死不幸而绝之国，将并死此一国后来庶乎有耻之人。金君叙一国三千二百余年事，可观可怨可

---

[1]　张謇：《朝鲜金沧江云山韶濩堂集序》，李明勋、尤世玮主编《张謇全集》（六）。

法可戒者略备矣。"①把撰史看得比生命还重,把撰史看作记录、维系民族精魂之所在,是鼓舞民族斗争的旗帜。这是张謇和金泽荣的共通的思想,也是他们爱国、救国思想精神的交融契合点。金泽荣的主要著作还有诗文类的《沧江稿》,史学类的《韩史綮》、《新高丽史》、《高丽季世忠臣遗事传》、《韩代崧阳耆旧传》等。另外,他还编选了《崧阳耆旧诗集》、《梅泉集》、《明美堂集》、《丽韩十家文钞》等。

二、神针沈寿

沈寿(1874—1921),原名云芝,字雪君,晚号雪宧,江苏吴县人,近代著名刺绣艺术大师。沈寿15岁即有绣名。1904年慈禧70岁寿辰时,沈寿绣了《八仙上寿》、《无量寿佛》等八幅寿屏呈献,得慈禧欢心赐其"寿"字为名,并被聘为农工商部女子绣工科总教习,派往日本考察工艺美术得到启发,回国后创造了"仿真绣"。

仿真绣在艺术思想上以写实为宗旨,追求物体的自然形态、光影层次的立体效果,在技法上,继承传统针法外,吸收日本刺绣中的虚针、肉入针技术,并创造了旋针、散针两种新针法。仿真绣的创立,改变了延续千年的传统艺术表现手法,将中国刺绣艺术带向一个全新的领域,在中国刺绣史上具有划时代的意义。

这期间,沈寿成功绣制了第一幅仿真绣肖像作品——《意大利皇后像》。这幅作品以全新的技法,完美表现了人物形象以及服饰的明暗层次、肌理质感,将人物刻画得惟妙惟肖、栩栩如生。1910年这幅作品参加了南洋劝业会,次年它又代表中国参加了意大利都灵万国博览会。这幅作品以极为细腻神奇的色泽和光影效果,征服了包括意大利皇后爱丽娜在内的广大观众,获得了博览会最高等级的"卓绝"大奖。会后,清政府将此绣品作为国礼赠送意大利皇后,意大利皇后得此珍品喜爱备至,特致信盛赞中国艺术,并回赠沈寿钻

---

① 张謇:《韩国历代小史序》,李明勋、尤世玮主编《张謇全集》(六)。

石金表一块。沈寿的神针从此名扬四海。

在南洋劝业会上,张謇看到了《意大利皇后像》这幅绣品,"叹其精绝"。张謇曾请沈寿鉴定自己刚得到的露香园绣品,沈寿细看针法,当即断定为真品。张謇对沈寿才华艺德大为赞赏,次年张謇即送两位女生到沈寿处学习。民国成立,绣工科解散,沈寿在天津、苏州办传习所谋生,张謇致函沈寿邀请她来通创办刺绣学校。1914年,沈寿到南通任我国早期女子刺绣职业学校女红传习所所长。

女红传习所先后招收了15期学员,沈寿"授绣八年,勤诲无倦,毕业者百五十余人",为江苏、浙江、湖南、安徽、广东等地培养了一批刺绣人才。传习所的学生要学习专业课刺绣,还要学习语文、算术、体育、音乐、书法、绘画,绘画还分国画、水粉、素描等。学校聘请名师教授,沈寿及其姐沈立、金静芬、施宗淑、沈粹缜等人教刺绣,画家刘子美教美术,诗人范子愚教国文。

张謇对沈寿极其推崇,赞其是"实业界仅见之人才,教育界最近之模范"。沈寿体弱多病,张謇对她除了事业上支持,还在生活上给予关心,而沈寿更是呕心沥血地工作以报知遇之恩,沈寿曾对其姐沈立说:"啬公知我,以绣托我,知己之感,吾心尽我力以报。"在南通期间,沈寿的艺术天赋也得以充分发挥。1915年,沈寿完成了一幅旷世杰作——《耶稣像》。作品以写实手法,运用各种针技、上百种色线,将耶稣遇害时头戴荆冠、血迹满面、两眼失神的痛苦表情刻画得淋漓尽致。这幅作品1916年在美国太平洋万国博览会上荣获一等奖。1919年,病中的沈寿历时三年完成了她最后的代表作——《倍克像》,这幅作品同样将倍克表现得惟妙惟肖、光彩照人。并借女红传习所发扬光大,传之其人,使中国传统刺绣艺术得到传承和发展。

"仿真绣"精美,本已驰名中外。女红传习所创办几年后,培养出一批人才,绣品日益增多,为了打开销路,设立了绣织局,沈寿兼局长,上海九江路设分部,同时在美国纽约第五街设立分局,专门销售各类绣品。还在瑞士、意大利等地设立销售处,南通绣品进入欧洲各地,中国传统刺绣艺术作为文化使者,传播了优秀的中国文化。

图 4-5 沈寿(后排中立者)与女红传习所师生合影

沈寿到南通因工作辛劳病情加重，张謇"益惧其艺之不传而事之无终也"，便向沈寿提出要为她总结经验、编撰绣谱的设想。有平素敬重的状元张謇为自己将刺绣艺术记录成书留传给后人，于是，沈寿病中把自己几十年来悉心钻研的技法、经验，"一物一事、一针一法，审思详语"，张謇为类别记之，数月后写成一本绣谱，再经反复推敲、审核、修改，定稿后名为《雪宦绣谱》，由翰墨林印书局于 1919 年出版。《雪宦绣谱》分述了绣备(绣之具)、绣引(绣之事)、针法、绣要、绣品、绣德、绣节、绣通 8 个方面的内容，系统总结了沈寿的艺术观，全面论述了刺绣过程中的要领方法，重点讲述了刺绣的 16 种基本针法，及沈寿独创的"仿真绣"理论。全书内容完备，条理清晰，通俗易懂，是中国第一部完整的刺绣理论著作，至今对刺绣实践仍有很强的指导意义。

1921 年，沈寿溘然长逝于南通织绣局寓所，年仅 47 岁。遗嘱将自己安葬在让她的刺绣艺术才能充分施展、发扬的南通土地上。

三、科学社莅通

中国科学社于 1915 年 10 月 25 日在美国成立，由国内各主要城市和中国科学家在国外建立的各科学学术团体联合组建，以"联络同志、研究学术，以共图中国科学之发达"为宗旨，是当时规模最大的综合性科学学术团体。第一届董事长为任鸿隽，书记为赵元任，杨铨任编辑部部长，竺可桢、胡明复、丁文江、秉志、马相伯、张謇、蔡元培、熊希龄等均担任过董事。

南通在 1916 年 12 月 31 日成立中国科学社南通支社，在博物苑召开成立大会，全市纺织、师范、农、医等学校代表二十多人出席会议，孙润江报告中国科学社改组始末及南通支社设立等情况，然后通过了南通支社会章，选举张孝若、范幼簡、孙润江为干事，张孝若为总干事。张孝若还发表了演说，全体代表摄影留念。南通是全国较早成立中国科学社地方支社的城市。

1918 年中国科学社迁回国内，先后在上海大同学院和南京东南大学设立办事处。张孝若在《南通张季直先生传记》里说，科学社回到中国，但没有会所和试验室，经张謇再三和省当局商请拨给房屋，科学社才有了基础。

中国科学社第七次年会原定在广州召开的启事，但因经费问题延宕。1922 年，中国科学社接受邀请在南通召开。南通各界做了充分足够的准备，成立接待会议的"组织委员会"，张孝若任主任，陈心铭任副主任，下设文牍及演讲、普通招待、交通、饮食及旅馆、陈设点缀、参观、娱乐、女宾招待、会计庶务等 9 个部门。8 月 19 日，代表们抵达南通。8 月 20 日下午 3 时，中国科学社第七次年会在南通总商会大厦隆重开幕。莅会社员代表有梁启超、竺可桢、杨杏佛、陶行知、黄炎培、马相伯、邹秉文、胡敦复、胡明复、过探先等 38 人，皆中国科学界一时之选。张謇致欢迎词，他说"会今七载，集于南通。增光下邑，黾勉以从"，"惟此情感，互相之基。愿以一邑，众力持之"，南通虽是一个小县,愿为中国科学的昌明尽职尽力,希望科学家们"知耻则奋,殚精科学。格物致知,相励以智。利用厚生,相程以事。假之时日,必集大成"。[1]　随后张孝若致辞,社员代表谭仲逵致答谢词。仪式结束后,梁启超和马相伯分别作了题为《科学之精神与西洋之文化》、《科学与大学之需要》的演讲。参加会议和聆听讲座的有 700 余人,下午 7 时才散会。

会议期间,与会代表参观了南通各项事业,观看了南通中国影片制造股份有限公司拍摄的《张謇游南通新市场》、《五山风光》等纪录片,大家"见张先生所办种种事业,皆能利用科学办法及手续以处理之,甚为满意"。南通事业的蓬勃发展给社员们留下了深刻的印象。

四、伶工和更俗

张謇认为我国社会的不良会导致"实业不昌、教育寡效",而改良社会不良习气的重要措施是戏剧。但在当年南通的戏园舞台上充斥迷信鬼神、诲盗诲淫旧剧,"虽有若干忠孝节义之剧,大多有失时代意义至不良影响";为此,张謇要积极推进戏曲改革、创办戏曲教育事业。张謇向当时年轻一代著名的戏剧家梅兰芳、欧阳予倩等发出邀请,希望他们帮助在南通建一所新型剧场及专设一培养演员的机构。1919 年 5 月底,欧阳予倩接受了邀请。9 月中旬,我国第一所戏曲专门学校伶工学社成立,张謇任董事长,张孝若任校长,欧阳予倩任主任,实际主持校务工作。

伶工学社的校徽设计成五线谱上加毛笔和钢笔各一支,象征着融贯中西、革新戏曲之内涵。欧阳予倩明确宣布学校"是为社会效力的艺术团体,不是私家歌僮养习所","要造就改革戏剧的演员,不是科班"。学校从领导机构、教师聘任、课程设置、招生和分科及教学方法,均按照正规学校的标准。教师大多是从上海请来的专业人员,有昆曲名宿、京剧名家及文学、话剧、音

---

①　张謇:《中国科学社年会欢迎词》,李明勋、尤世玮主编《张謇全集》(六),上海辞书出版社 2012 年版。

乐、舞蹈等方面的学者。欧阳予倩亲自教授京剧、话剧、艺术概论等课程,张謇也亲自教授书法,讲修身课。招收学生除艺术条件外,还必须达到初小、高小文化程度。学生分为戏剧、音乐两科,戏剧分京剧、舞蹈两班,音乐分西乐、军乐两班。学生除了上专业课,还要学习国文、算术、历史、地理、英文、音乐等,为了提高学生艺术修养,开设艺术概论、中国戏剧流派及莎士比亚、易卜生、托尔斯泰等外国文学家作品赏析等课程。学校还配置了钢琴、风琴及留声机和京昆名家唱片 200 多张,订购了《新青年》《新潮》等杂志和新小说,供学生课外使用和阅读,以拓宽知识面,接受新思想。

伶工学社虽然只办了 6 年,但它培养了许多艺术人才,先后入学的有 90多人。毕业生能唱昆曲 20 余出,皮黄戏 30 余出,还能唱四部合唱,掌握舞蹈的基本步法。学生们戏剧表演才艺丰富了地方上的文艺生活。梅兰芳三次南通,都有伶工学社学生为他配戏。这批学生中出了一批有名的演员,如葛秋江为名小生,拍过电影,是中国最早的两栖演员之一,抗战时在上海参加文化界救亡协会,与周信芳、欧阳予倩组建中华剧团和移风社;如林秋霞为马连良赏识,去北京后又拜王瑶卿为师,曾与马连良、谭富英、荀慧生、程砚秋等同台演出,是荀派传人;李斐叔后跟梅兰芳学艺,因故未能深造,但其文章"通畅流利,足够应用",做过多年梅兰芳的文书,可见学社文化教育的成功。伶工学社开辟了近代戏曲教育的道路,后来创办的"中华戏曲专科学校"和"国剧传习所"都受到了它的直接影响。

在创办伶工学社的同时,一个现代化的新剧场——更俗剧场也在同时建设。更俗剧场坐落在西濠河桃坞路西端,为南通著名建筑师孙支夏设计,建筑呈马蹄形,设计新颖,设施先进。剧场内通风性能好,音响效果佳,舞台设备完善,是当时国内其他剧场难以比拟的。舞台底部有十数只特大号砂缸帮助发音共鸣,观众席呈半圆形状,纵深虽有 20 多排座位,而横向最宽处却可以坐 40 余人,使观众不论在哪个方位,视听觉都能达到最佳效果。欧阳予倩说,剧场"很拢音,在楼上、楼下最后一排都听得很清楚,而且比上海的大舞台、第一台、天蟾之类的舞台都适用"。舞台面积可以开汽车表演,舞台上有横向天桥三道,台底有纵向通道三条,舞台上设备齐全,有 50 余幅布景,有水景、火景、雨景等活动布景和风声、雨声、雷声等效果工具，还有精制的各种面具、彩头、行头服装，走遍全国的著名演员夏月珊说："像这样的设备在全国可算首屈一指了。"

更俗剧场不仅是设备先进，更重要的是它真正成了戏剧改良的大舞台。但戏剧改良更重要的是提高演出质量和戏剧的社会教育效果。为了演出新戏，每天除演出传统京剧外，逐日演出一出春柳社的话剧。欧阳予倩本来就是春柳树重要成员，在剧场开幕第一天，作为南派首席花旦的他并没有演出自己拿手的京剧，而是上演了新编的话剧《玉润珠圆》。在他的影响下，许多京剧名演员也都愿意参加话剧和时装戏的演出。据统计，更俗剧场在开始几年，编演的话剧和京剧新剧目有七八十出之多，在舞台上出现了以京、昆、话剧新戏争艳的繁荣场景。

图 4-6　张謇（左四）与梅兰芳（右三）、欧阳予倩（左三）等合影

梅兰芳与欧阳予倩两位不同流派的戏剧大师在更俗剧场同台演出，张謇为此在更俗剧场门厅楼上建"梅欧阁"以资纪念。梅兰芳曾回忆他参观梅欧阁时的情景，他说："抬头就看见高高悬着的一块横匾，是'梅欧阁'三个大字。笔法遒劲，气势雄健，一望而知是学的翁松禅老人（翁同龢）。这就是张四（张謇）先生的手笔。旁边还挂了一副对子：'南派北派会通处，宛陵庐陵今古人'，也是张四先生自撰自书的。他是借用梅圣俞（宛陵）、欧阳修（庐陵）两位古人的籍贯来暗切我跟欧阳先生的姓的。……我听完了，顿时觉得惶恐万状。我那时年纪还轻，艺术上有什么成就可以值得纪念呢。这是他有意用这种方法来鼓励后辈，要我们为艺术而奋斗。"①张謇认为："中国艺术方面，总得优秀分子集合起来，协力改进，方能昌明。"他希望梅、欧携手合作，为发扬和改良中国的传统艺术有更大的作为，殷切之心，溢于言表。"梅欧阁"代表了近代濠河文化的开放和融通。

张謇认为改良社会要从和人民习惯最近、观念最易的地方下手，"至改良社会，文字不及戏剧之捷，提倡美术、工艺不及戏剧之便，又可断言者"。南通要成为国家文明富强建设的先行者，就一定要改良社会风气，提高人的素质，以戏剧来改良社会是一条便捷的道路。

张謇和欧阳予倩谈论戏剧时说："实业可振兴经济，教育能启发民智，而戏剧不仅繁荣实业，抑且补助教育之不足。"可见张謇对戏剧文化的重视，这种文化和脱离时代背景及闲情逸致风花雪月的"纯文化"有着本质的不同，被赋予了"救国"和"改良社会"的主题，寓教于乐，以戏育人，以文化人，最终达到提高民众文化素质的目的。在强调戏剧社会功能的同时，他也重视戏剧本身给人带来的美感，认为："戏剧本身固然要注重社会教育，然而提倡美的艺术，尤为最高最后的目的。"

南通的实业、教育事业如火如荼，南通的戏剧改良也以1919年伶工学社和更俗剧场的建成拉开帷幕。张謇建更俗剧场，有"更恶俗、立新风"目的，故名"更俗"。更俗剧场在管理上改革了戏院中的痼疾，它制定了《更俗剧场规

---

① 转引自张绪武、梅绍武主编《张謇与梅兰芳》，中华工商联合出版社1999年版。

约》和《更俗剧场特点紧要广告》，观众在"更俗剧场"接受了文化的"规矩"，凭票入场、对号入座，不随地吐痰，不吃瓜子。这在当时无疑是一场革命。

南通发生的戏剧改良，有了现代化剧场，不仅培养了一批新型的戏剧人才，还吸引了一大批国内最优秀的艺术家、教育家来南通演出和教学。除梅兰芳三到南通，还有姚玉芙、王风卿、姜妙香、张荣奎、程砚秋、盖叫天、杨小楼、余叔岩、谭富英、文蓉寿、袁寒云等，可谓名家荟萃。以南通这样的小城，市民们能坐在全国一流的现代化剧场里，欣赏到全国最优秀的艺术家精湛演出，而且新戏又如此之多，这在 100 年后的今天，恐怕也是令人羡慕的。南通还出版了《公园日报》，刊登更俗剧场每天演出的剧目，介绍新戏剧、新文艺，连载剧本，宣传戏剧改良、剧场文明制度等，应是我国较早的戏剧专业报纸。

戏剧对南通民众提高文化素质，开阔眼界，移风易俗，陶冶情操起到了"润物细无声"的作用，濠河两岸民风淳朴，文明礼仪，人们尊重文化，崇尚知识。濠河文化不断汲取、融会中国优秀传统文化，并以宽广的胸怀接纳了西方的文明及其先进的文化元素。

五、梅庵琴派

在中国传统文化里，古琴的地位是无与伦比的，它的价值不仅仅在本身的表现力，还在于它音乐之外文化内涵。梅庵琴派起源于山东，形成于南京，最终兴盛于南通。

1916 年，南通学生徐立孙（1897—1969，名卓）、邵大苏（1898—1938，名森）到南京高师求学，校内名师云集，除了胡先骕、柳诒徵、王伯沆、陶行知外，还有李叔同、周铃苏教西乐，王燕卿、沈肇洲在校园内梅庵教古琴、琵琶。徐立孙学习刻苦认真，因用功过度而咯血伤肺回家养病。兄长徐昂认为学习音乐陶冶身心，强健体质，鼓励他学国乐；同学好友邵大苏爱好古琴，也竭力劝他学琴。于是，徐立孙跟随王燕卿、沈肇洲学古琴、琵琶及三弦。1920 年，徐立孙随王燕卿到上海参加晨风庐琴会。这是一次高手云集、名家荟萃的全国性古琴演出，徐立孙演奏《搔首问天》、《长门怨》，和老师合奏《秋江夜泊》，并与各派琴人交流。这次琴坛盛会使徐立孙大开眼界，也让他的才华得到展现，当时琴坛泰斗杨时百以所著《琴学丛书》持赠，并以学习《幽兰》、《流水》相勉励。

徐立孙毕业回到家乡，在中学和师范任生物、音乐教师。许多学生向他学琴，有吴宗汉、刘景韶、王新令、黄耀曾、杨泽章、史白、陈心园、夏沛霖、李宝麟等，成为梅庵派琴人的中坚，徐立孙的同事王个簃、兄长徐昂也向他学琴。徐立孙经常在兄长和诗友们的雅集上谈琴，学琴在南通一时蔚为风气。在徐立孙、邵大苏的经营下，1929 年，南通成立了梅庵琴社，随着《梅庵琴谱》、《梅庵琵琶谱》的印行，这个流派被琴坛称为"梅庵派"。

1935 年，徐立孙在上海和查阜西、张子谦、彭祉卿等琴人交流，他们分属北、南两派，琴风悬殊，但谈论却十分投契。琴坛门户多见，北派南派的徐、查互相引为知音实属琴坛佳话。不久查阜西等人发起今虞琴社，徐立孙携杨泽章参加，并在交流中演奏《捣衣》、《搔首问天》，还表演了琵琶独奏《飞花点翠》。今虞琴社创办了会刊《今虞琴刊》，徐立孙应邀撰写了《论琴派》、《论音节》发表。徐立孙的音乐教学也很成功，他著有《作曲大意》一部，谱写了许多歌曲，如张謇作《国歌为通州师范作》、徐昂作《南通中学二十五年纪念歌》都由他谱曲。[①]

抗战时期，徐立孙携全家避居乡里，靠行医生活。1939 年年底，徐立孙担任抗日民主政府副参议长，在滥港桥师范学校教授生物与音乐。他不忘传播古琴艺术，常常冒着严寒为学生们表演古琴。抗战时期，梅庵琴人邵大苏、夏沛霖、徐遂、杨泽章先后病逝，徐立孙心中留下了永远的痛楚。抗战胜利后，徐立孙携子往上海，得查阜西、张子谦等昔日琴友捐助安定生活。徐立孙后在上海任教、行医，仍孜孜于古琴艺术，有吴宗汉、刘景韶、朱惜辰等追随，还和在上海的梅庵旧友吴志鲲、王个簃、邓怀农等来往，结识了许多新琴友。梅庵琴派这一时期在上海显示出些许"中兴"气象。

---

① 施宁：《古琴大师徐立孙》，《江海春秋》2012 年第 4 期（增刊）。

新中国成立后，徐立孙回乡任教，被选为各界人民代表，后又在南通医院中医科任主任。他聚集梅庵琴人活动，为陈心园、李宝麟、徐昌震等梅庵琴社早年的学生讲授和指导。徐立孙是公认的古琴家、琵琶家，1954 年，他经查阜西介绍，加入中国音乐家协会。当时中国音协联系各地古琴家协力研究《碣石调·幽兰》，要将这

图 4-7　徐立孙

一现存最早的古琴谱弹奏出来。徐立孙经过半年多认真研究，及与琴友查阜西、吴景略、吴振平的探讨，终于将全曲弹奏完成录音，成为《幽兰》打谱研究中最早成功的古琴家。徐立孙还撰写了《学习〈幽兰〉的体会》、《〈幽兰〉简谱试译》、《〈幽兰〉减字谱试译》发表。接着徐立孙开始《广陵散》的打谱研究，又经过半年，写成《试弹〈广陵散〉的初步体验》及简谱译本，并完成所弹乐谱的录音，民族音乐研究所、北京古琴研究会出版了他的《〈广陵散〉研究》。1956年，徐立孙在北京全国第一届音乐周上，弹奏古琴曲《捣衣》，声动琴坛，一时有"全国古琴四大名家"之说，另三人为查阜西、管平湖、吴景略。上海音乐学院开设古琴专业，延聘徐立孙执教。徐立孙的古琴艺术和《幽兰》、《广陵散》打谱研究，使以他为首的梅庵琴派饮誉海内。

古琴从来在中国传统文化里占有重要位置。操缦几弄，清茗数盏，诗词应和，琴棋书画，国学精华尽在其中。徐立孙传授的弟子不过百人，多不以音乐为业，王个簃、邓怀农、刘嵩樵是画家，黄耀曾是化学家，冯雄是水利专家、藏书家，徐昂是国学家，史白除音乐外还有美术戏剧的专长，江村是演员，陈心园是医生，吕德宽是纺织专家，连徐立孙本人也是中医师。但他们将代表濠河文化的梅庵琴学带到祖国各地及各行各业，将古琴艺术推介传播、发扬光大，梅庵琴学还远播港台地区及欧美。

第五节 "天光常照浪之花"

20 世纪初,南通主动吸纳西方文明、积极传播科学文化,地方文化事业建设走在全国前列。但是,南通"地方自治"成果在灾难深重的近代中国难以持续,主权沦丧、政治腐败、民不聊生社会局面不断激发着濠河儿女对进步文化和救国真理的追求。他们继承先贤爱国爱乡的文化传统,以戏剧、美术、出版的文艺手段,在濠河之畔结社、会演、展览游行,鼓舞着人民大众投身反侵略、反专制、求民主、求解放的斗争中。濠河文化不断注入着崭新的内涵。

在对进步文化和救国真理的追求中,涌现了一大批文化精英和革命志士,他们如濠河水清澈的浪花,涤荡着人们的心灵,追逐着救国的梦想;浪花飞腾汇入滚滚江流,向着东方、向着光明前赴后继、奔涌不息。

一、辛亥白烈士

19 世纪末,中国的文化知识界发生着前所未有的变化。在"维新"的浪潮中,一批传统知识分子离开经史八股,转而研习"西学"。在南通,秀才崔朝庆,入江阴南菁书院、北京同文书院,后来成为著名的数学家;举人白作霖,是上海南洋公学的首批师范生,后成为翻译家、行政法学的先驱;秀才白雅雨从追求科学民主开始,走上了资产阶级民主革命的道路。

白雅雨(1868—1912),名毓昆,号铣玉,生于通州城南白陆巷,是我国早期的地理学家。白雅雨自幼受到良好的家庭教育,18 岁中秀才,后入江阴南菁书院深造。他研读百家,尤精历史、地理。1899 年,白雅雨赴上海南洋公学师范院就读,未及毕业即被聘任为南洋公学中院教员。1903 年,白雅雨转至澄衷学堂任教,结识了具有民主思想的教员蔡元培、张相文、钮永建等人,并与从事革命活动的章太炎、邹容、章士钊等交往,深受民主革命思想影响。1908 年秋,白雅雨应北洋女子师范、北洋法政学堂的聘请携眷到天津,致力于地理学教学研究。1909 年 9 月，在天津与张相文等发起成立中国地学会，白雅雨任编辑部长，次年创办了《地学杂志》。

白雅雨以学校为阵地，培养了一批出类拔萃的革命青年。中国共产党的创始人之一李大钊曾受业于白雅雨，白雅雨对李大钊的成长有着重大影响。

宣统三年（1911 年），10 月 10 日武昌起义爆发，白雅雨与凌钺、李大钊等组织天津共和会，准备发动起义。12 月 2 日，白雅雨、胡鄂公等在天津召开会议，成立各革命团体总指挥处，白雅雨被推举为交通部长兼滦州指挥之一。12 月 31 日，白雅雨只身到滦州，于翌年 1 月 4 日宣布起义，接着成立北方革命军政府，白雅雨为参谋长。起义遭清军镇压，白雅雨不幸被捕，7 日，惨遭杀害。

白雅雨壮烈牺牲后，北京、天津、上海为白雅雨举行了多次追悼会，各地先后建立的滦州起义纪念场所，白雅雨均列入专门纪念。1912 年 9 月，白雅雨灵柩葬于狼山，1915 年为纪念烈士牺牲三周年而立碑，张謇亲书碑文"白烈士雅雨之墓"。1935 年，南京政府追赠白雅雨为陆军上将。新中国成立后，南通市人民政府追认白雅雨为革命烈士。

二、红色的摇篮

20 世纪的新文化运动给南通带来了进步的思想文化，科学民主的思想不断激荡着青年学生的心灵。五四运动爆发后，青年学生迅速组织了南通学生联合会，通电声援。"五卅运动"中，他们更积极组织罢课游行、抵制日货、宣传爱国思想。他们在更广阔的空间里接触和探索着救国救民的真理。

1924 年 6 月，南通师范学校的徐家瑾、丛允中、王盈朝等发起组织了进步社团——晨光社，开始有二十余人。社员们把京沪等地出版的进步书籍、刊物带回学校，组织大家阅读和讨论，《共产党宣言》《共产主义 ABC》《资本论入门》等成为阅读讨论的主要内容。当时在上海的革命家恽代英给"晨光社"以积极的支持和具体的指导，并在《中国青年》杂志上进行了专门的介绍。1925 年 11 月，经恽代英介绍，丛允中、王盈朝参加中国社会主义青年团，不久即成立了通师团支部。1926年春,恽代英又介绍丛允中、王盈朝入党,不久又介绍了徐家瑾、杨文辉入党。

1926年5月,江海平原上最早的中共党支部之一——通师支部诞生于濠河之滨。从此,进步青年学生在党的领导下积极投身于工农运动,并将一颗颗革命的种子撒向四面八方。南通师范学校由此被称为"红色师范"、"南通革命的摇篮"。

在历次革命斗争中,南通师范学校以及女子师范学校学生、校友徐芳德、丛允中、徐家瑾、韩铁心、陈国藩、朱文英、袁锡龄等六十多人为革命献出了年轻的生命,也走出了一批无产阶级革命家,刘瑞龙便是其中杰出的代表。

刘瑞龙(1910—1988),1910年生于江苏南通陆洪闸村,1924年就读于南通师范学校,在此期间,受表姐夫恽代英的胞弟恽子强的影响,开始接触马克思主义。1926年,刘瑞龙加入中国共产主义青年团。1927年与顾民元、丁璨等组织了"革命青年社"。当年9月转入中国共产党,历任中共南通师范学校支部书记、中共南通特别支部书记、南通城区区委和县委书记、通海特委书记。1929年,刘瑞龙与李超时、何昆等同志创建了工农红军第十四军。1934年刘瑞龙西上川陕,任红四方面军政治部宣传部长,参加了长征。抗战初期,刘瑞龙跟随刘少奇奔赴华中敌后,先后任豫皖苏区党委副书记、苏皖军政委员会书记、淮北行署主任等职。解放战争期间,任华野副参谋长兼后勤司令部司令员、政委。1949年5月后,历任中共上海市委秘书长、中共中央华东局农委书记、农业部常务副部长等职。

三、《写作与阅读》

《写作与阅读》是1936—1937年出版的以中学语文教师和学生为主要对象的进步月刊。发起人于在春(1909—1993),镇江人,毕业于上海光华大学,长期从事教育工作,是当代语文教育家。1935年,于在春邀请教育界同道顾民元、江上青参加筹办一份传播新教学主张的杂志。1936年11月《写作与阅读》正式出版,最初的编辑中心在镇江。1937年2月后于在春来南通中学任教,与顾民元、李俊民、吴天石、史白、江树峰等在南通组成编辑部,从 5 月第二卷开始由上海新知书店发行,江上青为编委兼发行人。

《写作与阅读》以指导"通俗文字技术和语文教育"的方式,系统地介绍国内外进步书刊,积极宣传抗日救亡、宣传革命文艺思想。除编委经常撰稿外,还先后聘请过 68 名知名作家、学者作为该刊特约撰述人,如叶圣陶、赵家璧、赵景深、孙伏园、易君左、臧克家、田间、李霁野、许幸之等。1937 年"八一三"淞沪抗战爆发后,编委成员大多投入抗日活动,第二卷出了 4 期即告停刊。尽管《写作与阅读》前后只出了 10 期,但它在进步教师和学生中产生了很大影响。《写作与阅读》的主要成员先后从濠河之滨走上了革命道路,顾民元、江上青同志为中华民族解放和建立新中国献出了年轻生命。

顾民元(1912—1941),字弥愚,南通人。其父顾怡生是"通州四才子"之一,长期任教于南通师范学校。顾民元 1925 年入南通中学读书。1927 年,顾民元与其姨兄刘瑞龙等组织了"革命青年社",不久加入了中国共产党。后进上海艺术大学、成都大学学习。1931 年先后任淮阴师范、济南师范、镇江中学、南通中学教师,参与编辑《写作与阅读》月刊。抗战爆发后,积极投入抗日救亡活动。1940 年 11 月,被通如海启各阶层代表会议推举为启东县抗日民主政府第一任县长。1941 年 1 月,顾民元在赴掘港开会途中被土匪俞福基部拦截绑架。2 月 24 日,新四军与俞福基部发生战事时,误杀顾民元。同年 4 月,新四军在掘港召开追悼大会,追认顾民元为烈士。

江上青(1911—1939),扬州人,原名世侯。其父江石溪为名医,1915 年曾应邀在张謇创办的大达内和轮船公司担任协理。大哥江世俊长期在南通通明电器公司任职。1927 年夏,扬州局势混乱,江石溪携全家到南通江世俊处避难,居城内柳家巷。9 月,江上青进入南通中学高中部学习,经顾民元介绍加入共青团。1928 年上半年随家人返回扬州,因参加学生运动被当局逮捕关押半年。1929 年 8 月,他考入上海艺术大学文学系学习,加入共产党并任"艺大"支部书记。1929 年底又遭反动当局逮捕,一年后出狱,回南通养病。1932 年赴扬州任教,先后参与创办《新世纪周刊》《写作与阅读》杂志。1937 年"八一三"战事爆发后,江上青组织"江都县文化界救亡会流动宣传团",开展抗日宣传。1938年受党组织委派至皖东北开辟抗日根据地,任中共皖东北特支书记、第五战区第五游击司令部政治部主任等职。1939年8月29日,在泗县小湾村遭地主武装袭击,壮烈牺牲。

顾民元曾在狱中曾写下绝命书安慰亲人,其中有诗句:"莫为江流悲永逝,天光常照浪之花。"他们是革命洪流中激越的浪花,在奔向光明、奔向胜利的征程中发出了夺目的光华。

四、戏剧唤醒民众

1919年,欧阳予倩主持的伶工学社把现代话剧带入南通。20世纪20年代至40年代,南通文艺青年组成新民剧社、小小剧社、青年剧艺社等团体,通过进步的戏剧活动,启迪民众,向黑暗统治发起冲击。从这些社团里诞生了赵丹、顾而已、江村等一批著名戏剧家和表演艺术家,也使南通有了"话剧之乡"的美誉。

20世纪20年代中期,南通的进步文艺活动日趋活跃。1927年,南通师范成立新剧团,北伐抵军南通,新剧团以《革命血》、《弃妇》作欢迎演出。次年4月15日,新民剧社在通俗教育社成立,主要成员先有孙东儒、俞国澄等,继为吴天石、施春瘦、王质夫等。早期演出《潘金莲》、《压迫》、《父归》。1930年新年,经通师共产党地下党员丁璨的联系,左翼剧联上海摩登剧社、上海剧艺社郑君里、王莹、刘保罗等来通演出,引起巨大反响,从此南通的话剧团热潮蓬勃兴起。全国左翼剧联和南通建立了联系,同年冬成立左翼剧联南通分盟。新民剧社是南通最活跃、最受欢迎的左翼文艺团体。演出剧目由原来的反封建、反军阀的内容发展到反对专制统治,宣传抗日民主的题材。"九一八"事变以后,新民剧社演出《铁蹄之下》、《山河泪》、《民族之光》等,10月12日的《通通日报》以"借戏剧力量唤醒民众"为题,报道了他们的演出活动。

在上海剧社南通公演活动以及新民剧社的影响下,南通私立崇敬中学学生赵丹、顾而已、梁衣衫、钱千里、朱今明、梁廷锐等人在顾儆基(崇敬中学校长,顾而已父)、赵子超(新新大戏院老板,赵丹父)赞助下,组织小小剧社。他们得到新民剧社的帮助,并曾邀请赵铭彝、郑君里来通指导排演,从此走上正规话剧的道路。他们多次演出《小偷》、《父归》、《乱钟》、《苏州夜话》等进步话剧,并和新民剧社等联合演出过《南归》、《放下你的鞭子》、《梁上君子》,还创办《枫叶》刊物。小小剧社的主要成员均参加了左翼剧联。1933年6月,赵丹、顾而已联合新民剧社联合排演反映农民斗争的剧本《五奎桥》,遭反动当局禁演,《枫叶》旬刊也被查封,南通的进步话剧事业由此遭受挫折。主要成员转移到上海和内地,他们有的先后走上了革命的道路,如顾民元、理朴、吴天石等;有的继续参加戏剧活动,成长为表演艺术家或影剧专门人才,如赵丹、顾而已、钱千里、朱今明等。

图4-8 丹亭和赵丹塑像

赵丹(1915—1980),名凤翱,山东肥城县人。幼年随父赵子超定居南通城。先后就读于通师一附、崇敬中学。1932年,进上海美术专科学校,参加左翼戏剧家联盟,进入上海明星影片公司。1937 年主演《十字街头》和《马路天使》两部电影史上的两部经典之作,40 年代的代表作有《丽人行》和《乌鸦与麻雀》。新中国成立后,赵丹主演了《武训传》、《林则徐》、《聂耳》、《海魂》、《烈火中永生》等一系列名片。赵丹从事电影、话剧艺术活动 50 年,主演 38 部电影,主演和导演 30 多部话剧,在国内外影剧界有极高声誉。

江村(1917—1944),原名江蕴镐。江苏省南通人。14 岁时就加入了新民剧社。1936 年,江村考入国立南京戏剧学校,得到了曹禺、叶圣陶、陈白尘等名家的悉心指导。1938 年,江村赴成都加入上海业余剧人协会。1940 年,参加以郭沫若为团长的中国万岁剧团,与张瑞芳、舒绣文、郑君里等同台演出。他先后出演《北京人》、《雾重庆》、《棠棣之花》、《闺怨》、《虎符》、《大雷雨》、《蜕变》等大型话剧,尤其在《北京人》中饰演曾文清一角,被誉为"绝唱",得到周恩来、曹禺、张骏祥佳评。1944 年 5 月 23 日江村病逝于重庆,郭沫若、阳翰笙、史东山、凤子等都发表了怀念文章,郭沫若还为他题写了墓碑。

五、新兴木刻活动

1929 年,鲁迅与柔石等在上海以"朝花社"的名义出版《艺苑朝华》丛刊,刊印英、法、美、日的木刻作品,这是鲁迅向青年介绍创作木刻的开始,中国新兴木刻版画运动由是发起。新兴木刻从诞生之日起,便和中华民族的解放事业紧密相关,与人民群众的命运血肉相连。当时的版画家是以艺术家和革命者的双重身份出现,以刀笔艺术作为武器,在左翼文化战线上发挥了巨大作用。20 世纪 30 年代,鲁迅先生倡导的新兴木刻运动波及南通,史白、徐惊百为南通新兴木刻的先行者。

史白(1908—1946),姓施,名椿寿,一名春瘦,南通人。上海美术专门学校毕业。史白于油画、木刻、诗歌、编剧、导演无所不能。在上海美专时,他就加入了新兴木刻运动,其作品《柔石之死》、《胡也频传》、《我们期待明天》入选鲁迅主编的《青年版画集》。他是南通新民剧社的重要成员,《写作与阅读》的编委,经他设计装帧的《写作与阅读》、《枫叶》、《北风》等刊物面貌焕然一新。

徐惊百(1915—1946)，名震，南通人。1932年入上海美专，次年考入中央大学教育学院美术科。在中央大学《校风》上发表文章《谈大众艺术》，从大众艺术的形成条件和本质特征，分析了壁画、漫画和木刻等艺术功能发挥的优劣势，指出"木刻是大众艺术最良的工具"。鉴于对版木现实功能的深刻理解，1936年，徐惊百负责第二回全国木刻巡回展在江苏展览的策划联络工作，并成功引进到南通举办，新兴木刻在南通从此生根。

1938年南通沦陷后，史白、徐惊百投入抗日宣传，留下了大量剧本、诗歌、木刻作品。1943年，日伪《江北日报》副刊及《北极》半月刊的编辑控制在共产党地下党手中，开始刊登带有进步倾向的文艺作品。南通新一批木刻家邱丰、喜恒、夏理亚、余呈等作品陆续发表，还有法朗士、屠格涅夫、鲁迅等中外作家的木刻肖像及《补穷妇》、《人力车夫》、《烘山芋》、《卖大饼》等木刻作品。此期间，徐惊百回通养病，文章《版画艺术的个忹》在《北极》上发表。同年，徐惊百与邱丰策划扩大木刻队伍，在商业学校学生中组织"啄木鸟木刻小组"，曾在濠河岸边举办过"中学生艺术作品展览会"。新中国成立后，南通的版画事业得到发扬光大，与南京、苏州成鼎足之势，成为地方美术的品牌。

六、"三一八"斗争

抗战胜利后，南通人民殷切盼望着和平、自由、民主的生活的早日到来。由于党的长期工作以及全国各地民主运动的影响，南通城的进步文化活动十分活跃。1945年秋，南通青年组织了青年剧艺社等几个进步文艺团体；1946年初，青年们连续多次举办文艺晚会，当地报纸的文艺副刊也掌握在进步青年手中。他们通过发表诗文、编演话剧、歌曲来表达对正义、和平和真理的追求。

1946年1月15日，即《停战协定》生效后第三天，驻南通地区的国民党军队公然攻占了解放区如皋的白蒲镇。为了调处南通地区的军事冲突，由国、共双方及美国代表组成了军调处执行小组定于3月18日来南通。为此，中共南通城工委决定以欢迎执行小组的名义组织游行请愿，要求和平民主。在中共城工委委员王敏之、地下党员钱健吾等同志领导下,南通文艺协会于3月17日成立,选出钱素凡、戴西青、顾迅逸、钱健吾等7人为理事。在成立大会上筹备了次日的请愿活动。

3月18日八点整,从四面八方汇集到南通实验小学操场青年学生一千余人整队出发,沿着濠河往城西大码头迎接执行小组。在游行和等待过程,青年们高呼反内战、要民主的口号,歌唱进步歌曲,并散发传单、张贴标语。中午,下起了雨,可执行小组仍未到达。青年们忍着饥饿,冒着风雨,开起了文艺"午会"。他们唱起了即时创作的歌曲《坚决等待》相互激励,坚持等候。

下午4时35分,执行小组的车队到达。在当局布置下,车队在大码头未作停留,直驶城内。游行队伍随之回城。他们冲破军警设置的重重封锁,来到了执行小组下榻的桃坞路桃之华馆门口请愿,要求执行小组接见。当局迫于压力同意孙平天、汪须慈、理锡麟三名代表即进入,他们向执行小组递交了文艺协会的公开信和学生们的建议书,并邀请小组成员参加次日的茶话会。美方代表邓克也走出来与青年们见面。而后青年学生继续在城内游行,直至深夜。

3月19日下午,茶话会在南通女子师范举行。执行小组成员因当局的阻挠而未能参加,随小组来通的新华社记者吴青、樊发源应邀出席。在特务的监视下,青年们勇敢地揭露了国民党在南通的黑暗统治,聆听两位记者对解放区情况的介绍。最后大家来到操场,跟着两位记者学起了扭秧歌。3月20日,反动当局在桃之华旅馆前组织了伪造民意的假请愿,顾迅逸、孙天平、戴西青等青年赶来,启发受蒙蔽的群众,与当局的组织者进行斗争,瓦解他们的阴谋。

南通青年持续三天的斗争使国民党反动当局惊恐万分。在执行小组还未离开南通以前,他们就以逮捕和屠杀来压制人民对和平、民主的要求,制造了震惊全国"南通惨案"。3月23日,剧艺社成员顾迅逸、郑英年、孙日新三人在排演完话剧《日出》回家途中被特务绑走,次日被残忍地沉入长江。3月27日,孙平天在家中被特务勒死,尸体抛入长江。4月3日到5日,季天择、戴西青、钱素凡、罗镇和四人先后被捕,4月5日深夜也被沉入长江。

　　"南通惨案"震惊全国。上海知名人士马叙伦、郑振铎、周建人、章乃器、许广平、赵丹等人撰文或发表谈话抗议和斥责当局的罪恶行径。周恩来同志在上海记者招待会上谴责了国民党的暴行。延安《解放日报》、重庆《新华日报》以及上海的《民主》、《文萃》、《周报》、《文汇报》等报刊发表了大量社论、报道，揭露事件真相。南通人民没有被当局的屠刀吓倒，转移到解放区和上海的青年对反动派的滔天罪行进行了充分揭露、控斥，争取社会各界的支持。留在南通的地下党员和进步青年在白色恐怖下坚持斗争，直到解放。

　　源远流长的濠河文化平静地走过了一千年，在 20 世纪初期遭遇到中西各种文化的纷至沓来，社会也在危机动荡中变革、前行。各种文化观念、理论碰撞、冲突、融合，海纳百川，有容乃大，它主动地去接纳、交流、融会、创新、发展，在自身延续发展的基础上，又在文化交融中获得新的丰富和发展，从而使自己走向了一个新的发展高峰。

第五章 河之梦：风物岁新

世界上每一个文明的发源地，都是傍依江河湖泊，并依靠必要的可供水源而发展起来的。河流以其丰富的乳汁孕育了人类早期的伟大文明，并在河流两岸崛起大批的繁华城市群。凡是河网水系发达的地区，都是城市文明最发育的地区。河网水系对传承城市历史文化起着非常重要的作用。濠河就是这样的一个文明哺育系统，南通地域文化由此延续千年。

图 5-1 濠河鸟瞰

"濠南苑囿郁璘彬，风物骈骈与岁新。"当代南通精心打造以"濠河文化"为代表的城市特色，不仅避免了城市的平庸，而且对南通的可持续发展有着深远的影响。"濠河文化"标识和注解着南通这座城市，"濠河文化"是南通文化的精华所在，彰显着其强大的软实力。

第一节　生态濠河谱写新章

一、水质治理

2005 年，南通与日本友城丰桥市联合开展的环保交流活动，给濠河进行了首次超声波探测，对河底泥的深度及分布进行数据采集，并将分析结果无偿提供给南通，供水环境治理与改善之用。这是中日两国专家联合对千年濠河第一次进行"B超检查"。通过这次"体检"并对濠河底泥淤结状况和程度做出科学分析，为科学治理濠河水环境提供了第一手依据，彻底解决了多年困扰濠河底泥治理的"挖哪里，挖多少，怎么挖"的问题。

曾经有老人回忆，20 世纪六七十年代之前的濠河，河水与长江相通，夏季丰水期有长江一样的落潮涨潮，河水有长江一样的黄褐色，河上有长江一样的来往行船（当然小了许多）。两岸是柳树和长满青草的慢坡，除六桥两侧，少有整齐的石驳，曾经的濠河并不是看风景的场所，船家利用它忙碌着自己的营生，河边的人家利用它淘米洗菜、涮碗洗衣.孩童们则在它的怀抱里肆无忌惮地挥霍着无穷尽的精力。

然而在 20 世纪六七十年代，由于缺乏整体规划和严格管理，濠河区域内的自然资源、人文资源、生态环境及其服务功能受到严重破坏，美丽的濠河失去了昔日的风采，变得千疮百孔、满目疮痍。一首顺口溜形象地描述了水质污染的状况：50 年代淘米洗菜，60 年代开始变坏，70 年代鱼虾绝代……事实上，当时濠河遭受破坏的程度确实已到了惨不忍睹的地步：20 公里的河岸线上，搭建着总面积达 13 万多平方米的违章建筑，有 60 年代"大跃进"扩建的厂房,70年代搭建的防震棚,80年代知青"回城房";10公里长的河滨有3个大垃圾堆场,12个粪便中转站;乱填乱倒使1230亩水面缩成986亩;沿河60多家工厂每天向濠河排放3万吨污水,使濠河发黑发臭;河床严重淤积,高含沙量的长江水直接进入濠河,到了枯水季节,1/3的河床裸露……其中最严重的当属水质污染问题。同时,随着南通旧城改造力度的加大,城市建设步伐加快,住宅、高层建筑持续升温,濠河的空间在不断缩小,沿岸景观也受到了严重的破坏。

重新审视人与濠河和谐共存的问题,再造濠河动人的滨水景观,以水凸显城市的灵性,对创建独具特色的南通城市格局具有重要意义。20世纪80年代开始,濠河日益恶化的水环境越来越引起市政府和居民的重视。1985年始,南通市人大通过了《关于切实加强环境保护工作和抓紧濠河治理的决议》以及一系列有关加快濠河整治进程的决议,明确提出:濠河沿岸产生污染企业和影响水面景观的违章建房要逐个限期落实整顿、治理、搬迁。

在2000年以前,濠河的治污工作采用的是投放鱼苗的生态养水兼以机械置换的方法。启用棉机河闸、文峰闸、灰堆坝闸和易家桥闸,保证濠河水位维持在2.73 m左右。之后濠河的治污手段逐渐改变,形成了全方位的机械自动化控制的换水方式。从2002年起,政府每年投入5000多万元进行污水截流,并投入巨资对濠河周围企业进行整体搬迁。先后搬迁了4个大型垃圾中转站、12个水运粪码头、27家沿河企业,拆除了沿河的违法建筑,铺设了环濠河20多公里长的排污管道,疏浚了50万立方米淤泥,新建了40多万平方米绿地及小品、景点,累计投入资金达到12亿元。经过全面规划建设和整治保护,濠河面貌焕然一新,成为国内河道治理的成功典范。

如今的濠河,水质已由过去的劣Ⅴ类全部提升为Ⅳ类标准并正在向Ⅲ类迈进,被誉为国内河道治理的典范;如今的濠河,波光粼粼,水清鱼跃,多年未见的江鸥又重飞回来,尽情地嬉戏于蓝天碧水之间;如今的濠河,宛如一条翠绿的缎带蜿蜒铺展于城市的中心地带,成为南通一道美丽怡人的风景线。因为濠河水文环境整治工作突出,2007年获得中国水环境治理优秀范例城市称号。

南通籍诗人郑康伯暮年返乡看到整治后的濠河之后不禁有感而发："濠河，你是这江城明眸，你经历了这江城的千百个春秋！濠河，似曾相识的濠河，如今我又看到你粼粼的碧波。我曾经为你的被污染而忧愁；今天，重又看到了你清澈的容颜，你又绽开了新的生命的花朵！濠河，你的两岸回栏曲折，桃柳成行，你的动脉延伸向这古城的心脏。默默地嗅着你两岸泥土的芳香。我要欢呼：濠河，祝你永远容光焕发、春意盎然！"

二、人河和谐

在濠河生态环境建设过程中，自始至终贯穿着"以人为本、以水为脉、以绿为衣"的治水理念，强调以水为灵魂构建现代化的水生态城市，充分展现"城市水脉"内涵，让水贴近人，让水走进城市，让城市融入水，先后傍水建造了映红楼、怡园、濠南路历史文化一条街、范家花园、回归园、碧波楼、濠东绿苑、濠西书苑、盆景园、环西文化广场、体育公园等三十多处具有生态园林特色的亲水景观，投巨资实施了沿河游步道贯通工程。

2005年4月，吴良镛先生在与丁大卫市长会面时，针对濠河风景区园林绿化的现状及存在的问题，提出了濠河风景区的园林绿化需要进行系统的整合，基于此，南通对濠河风景区的生态进行了系统的规划与设计。每年投放近80万尾可净化水质鱼种鱼苗如花白鲢、草鱼、鳊鱼等；有目的地圈植浮萍等浮水植物；在景区次入口及五公园等水域种植数万平方米的荷花；结合不同地段的功能及景观要求，极力推广自然型驳岸、生态型驳岸建设。在濠河水质得到改善的基础上，按照"乔木、灌木、地被、花卉和草皮相结合，阳性植物与阴性、耐阴性植物相结合，速生植物与慢性植物相结合，观赏植物与抗污经济植物相结合，大力推广垂直绿化、立体绿化，增加绿视率"的思路，全面实施"黄土不露天"、"治污还清水"、"建绿美水景"，全力打造"精品濠河"，实施濠河"9933"和"6616"周边绿化资源整合等系统工程。

近60公顷生态绿地取代了昔日的破房陋室，百余种树木花草艺术配置于濠河周边，景区绿化覆盖率达93％，濠河重新迎来了野鸭、江鸥、鱼鹰等自然生态群体,基本实现了"生态濠河、生活濠河、文化濠河、旅游濠河"的目标。濠河生态廊道有着曲折且长的边界,生态效益发散面加大,能使沿线更多的居民受益,创造更加舒适的居住环境。

180公顷绿地、30多处生态亲水景观及众多大型群众休闲设施等的建成,让千年古濠河再次焕发出了光彩,成为南通的城市"绿肺"和天然氧吧,成为南通人生活休闲必不可缺的一部分,创造出自然与人文景观和谐交融的城市景观。整改之后的濠河除了护堤防洪的基本功能外,还增加水体的自净作用,营建生态景观;同时利用木桩护岸回土,科学配置水生植物营建多个迷你型人工湿地,不仅丰富了沿岸景观,而且促进生态环保概念在市民及游客中得以普及推广。在关键节点建造了悬挑式、台阶式亲水平台、多种风格的栈桥、水榭等。草坪护坡、抛石护岸也是游客市民喜爱的亲水方式。濠东绿苑的叠瀑、曲水流筋组景;白沙滩、月牙湖组景;文化广场的雾森、旱喷泉、水幕电影组景;还开发了龙舟比赛、垂钓、锦鲤观赏、船模等近水方式,使市民与水更近、更亲。①

2013年8月12日濠河生态游活动在清澈的濠河中进行,丁大卫、陈斌、黄巍东、章树山、张兆江、施建中、黄爱军、陈一星、陈宋义等市四套班子领导同志和来自市、区机关,企事业单位及群团组织的游泳爱好者一起畅游濠河,参与者中年纪最大的市民朱樑老人不禁发出感慨:"濠河经过这些年的治理,水质好多了,很干净。"从小在濠河畔长大的杨力和上岸后也说道:"没想到濠河这么干净,记忆中几十年前的濠河水仿佛又重现眼前,在这样的母亲河里游泳,真过瘾。"②

---

① 夏兴峰:《城市滨水景观空间开发建设要点——江苏南通市濠河风景名胜区开发建设概略》,《现代园林》2009年第11期。

② 南通体育日市委书记丁大卫带头濠河生态游,http://jsnews. jschina. com. cn/ system/2013/08/16/018279901.shtml。

三、同创幸福

近年来,南通市与居民生活密切相关的公共服务设施都在政府的持续投入下得到改善。对濠河的集中治理只是其中的一个缩影,其背后凸显了南通"以人为本、全面协调可持续发展"的科学发展理念。

2004年3月1号,南通市委、市政府吹响全国文明城市创建号角,全面启动以创建全国文明城市为龙头的国家卫生城市、环保模范城市、园林城市和历史文化名城"五城同创"工作。"五城同创"是南通城市发展史上的又一次大手笔,可以说是高点定位、高标准推进的创建活动,是党委政府执政为民、服务发展的重要途径,成为关注民生、维护民利、实现民愿的最有效抓手。在创建中,全体市民既是参与者,又是受益者。随着创建工作的不断深入,南通市民深切地体会到,南通的天更蓝了,路更宽了,濠河更加清澈美丽,处处可见一片生机盎然的绿色……通过全市动员,全员参与创建活动,广大市民更好地了解文明城市的各项要求,自觉遵守公民道德规范和相关法律法规,更加珍惜创建成果,全体市民的道德水准和文明程度得到有效提高,城市整体形象由此提升,市民群众在创建中得到了实惠。有市民专为"五城同创"赋诗,表达了对创建工作的理解和支持:

江海平原饶富地,天蓝水碧胜从前。风清气朗怡心境,生态和谐福祉添。——国家环保模范城市

濠水波光含丽日,花香景翠鸟争鸣。江城巧扮姿容美,长寿之乡重卫生。——全国卫生城市

绿草如茵铺锦绣,园林胜景竞流芳。嫣红姹紫如图画,桥港新时百业昌。——国家园林城市

文化遗存珍品在,千年古邑史长留。名城处处见斑斓,承继先贤展大献。——国家历史文化名城

百卉芬芳增丽色,崇川福地沐熏风。文明铸就辉煌绩,敢为人先誉域中。——全国文明城市

2006年1月,南通市顺利通过考核验收,荣获"国家环保模范城市";2007年9月,南通通过考核鉴定,荣膺"国家卫生城市"称号;2008年10月,南通荣获"国家园林城市"荣誉称号;2009年1月,国务院正式批复,将南通市列为国家历史文化名城;2009年1月20日,南通成功摘取"全国文明城市"光荣称号。至此,五块沉甸甸的奖牌,南通尽入囊中。

濠河儿女的夺牌接力赛并没有并没有停止。在继续夺得"全国社会治安综合治理优秀地市"、"国家创新型城市"、"国家知识产权示范城市"、"国家生态文明建设示范城市"后,2012年12月30日,南通又获得了一份特殊的新年礼物——"2012中国(十大)最具幸福感城市"桂冠。中国最具幸福感城市调查推选活动,由新华社《瞭望东方周刊》、中国市长协会《中国城市发展报告》联合发起,是目前我国最具影响力和公信力的城市幸福感调查推选活动之一。中国市长协会专职副会长陶斯亮认为,南通有美丽的濠河,有厚重历史文化积淀。"作为一个北方人,实在很羡慕。做南通人,真的很幸福。"

图 5-2　濠河赛龙舟

第二节　名胜濠河明珠璀璨

一、人文景观

作为城市中心地区的水系景区，濠河景区的主导功能首先是服务于本地市民的休憩性游览观光，这就使其拥有了一个数量庞大而且比较稳定的客源主体。随着近年来南通市开发开放程度的不断提高，越来越多的外地游客来南通，寻求濠河这一国内少有的旧城水系的宁静与幽美，探求近代工业和文化教育的起源与发展。作为汇自然景观与人文景观于一身的环城敞开式旅游景区，濠河风景名胜区 1993 年被江苏省政府批准为省级风景名胜区，2012 年被评定为国家 5A 级旅游景区，年接待游客 700 多万人次。濠河风景名胜区的发展推动南通旅游事业的发展，2003 年，南通成功地被列入"中国优秀旅游城市"名单。

濠河分成南北两部，略呈"日"字形。全长 10 公里，水面 1040 亩，最宽处 215 米，水波浩渺，好似湖泊；最窄处仅 10 米，又似丝带彩练，整个濠河曲曲折折，迂回激荡，呈倒置的葫芦形状环抱老城区，形成了"水抱城、城拥水，城水一体"的独特风格，素有"江城翡翠项链"之称。濠河沿岸垂柳依依，座座景点犹如一颗颗明珠，镶嵌交织，形成一轴长达十几公里的巨幅国画。

濠河之美并不只在自然风景，还缘于沿濠河边那一串珠玉似的人文古迹。濠河东南端，五级六角、飞檐翘脊的文峰塔矗立河沿。文峰塔塔院内，建有南通书画院和个簃艺术馆。文峰塔附近澄澈的水面，与南通纺织博物馆及文峰公园、人民公园融为一体。南濠河畔，有中国人自办的第一个博物馆——南通博物苑，以及太平兴国教寺大殿、濠阳小筑、濠南别业、女红传习所等建筑群。建于唐代的"一州伟观"——天宁寺和光孝塔坐落于北濠河滨。濠东绿苑、濠西书院、环西文化广场、文化宫、文峰公园、映红楼、体育公园等新兴的文化娱乐场所和旅游景点遍布周围，清澈洁净的濠河与亭、台、楼、阁、塔、榭、坊等交相辉映。鱼鹰捕鱼、中秋放河灯、沈绣、蓝印花布、扎染、花鸟集市和童子戏等反映地方特色的民俗和非物质文化遗产，形成了濠河独树一帜的文化风韵。

在文化广场的桥南，濠河的岸边，有一组精心设计制作长达 120 米的汉白玉巨型浮雕《江海风》，反映的是南通地区的 14 项特色民间艺术；在南濠河岸还有一组 84.5 米长石刻浮雕，题曰"强国梦痕"，是近代南通近代化建设全方位发展的历史缩影；此外，南通首座景观桥的和平桥桥西的引桥北侧也刻着一组以《和平颂》为主题的浮雕。各处的景观浮雕，远眺宛若濠河碧波上的一条白玉腰带，串联起濠河沿线的各个景点。人文景观与自然风光融为一体，千百年累积的历史遗迹、园林艺术、乡俗风情奠定了濠河古朴凝重的文化底蕴。每当华灯初上，漫步濠河，沿河的彩灯喷泉将区内的水域风光、历史人文景观衬托得格外绚丽多姿，构成了南通另一道过目难忘的风景线。

丰富厚重的人文景观，秀丽典雅的自然风光，两者交相辉映，显得格外妩媚多姿，沿岸美景令人目不暇接，构成了濠河景区兼具水乡秀色和园林风光的特色景观，让濠河更加光彩照人，使游客流连忘返。

二、历史底蕴

南通濠河以天然水泊为基础，顺其水势，依水筑城，又因其城势，环城引水，城成濠河成。濠河既是珍贵的自然资源，也是重要的文化遗产。1995 年，江苏省政府公布的第一批江苏省历史文化保护区，濠河榜上有名。濠河历史文化保护区是城市中历史文化遗产最集中的地域，濠河历史文化保护区范围大约为 326.2 公顷，以濠河和五代以来的古城址为核心，保留了典型州府型制的古城格局和风貌，其中濠南历史风貌犹存，寺街和西南营历史街区相对完整，存有众多各个历史时期精美的宅第院落，留下了众多的名人遗迹。濠河历史文化保护区内文物古迹众多，有国家重点文物保护单位 3 处，省级文物保护单位 5 处，市级文物保护单位 20 处，优秀历史建筑 52 处，是南通城市发展的重要历史见证。

　　南通市政府坚持自然遗产与文化遗产保护并举、人文胜迹和景观资源管理并重的方针，加强保护与管理，使得濠河的人文环境在价值功能上有了很大提升。2002年，结合《南通市城市总体规划调整（2002—2020年）》，将濠河历史文化区保护纳入总体规划，强化了历史文化保护区的保护力度，维护古城的基本格局。2003年，从南通近代"一城三镇"的历史格局出发，委托清华大学编制了南通近代第一城历史遗迹遗址保护规划，重点对主城区濠河历史文化保护区、唐闸、狼山、天生港的近代遗迹遗址进行了调查，提出了相应的保护措施。2004年，委托同济大学对濠河历史文化保护区内的寺街、西南营历史街区编制了专项修建性详细规划，深化完善寺街街坊、濠南路、环城南路近代风貌区保护规划，按文物古迹保护等级划定保护范围和环境协调区、编制相关的旧城保护控制性详细规划，强化风貌景观地段和建筑的保护措施，提出了规划的实施保障措施。同年委托同济大学编制了南通市历史文化保护规划。在上述规划的基础上，2005年，南通市规划编制究中心编制了濠河历史文化保护区保护规划，对区内的水系、公共绿地、文物古迹等进行了系统的梳理，提出了蓝线、绿线、紫线的控制要求，对保护区内的建筑密度、高度、视廊控制等提出了相关要求，实施全覆盖。2007年江苏省人民政府批复并公布南通市为江苏省历史文化名城。为进一步推进历史文化名城保护和国家历史文化名城申报工作，南通邀请中国美院、南京大学、同济大学等国内知名院校的专家、教授研讨，确定了"一城三镇"的保护模式，完成了唐闸、天生、寺街、西南营历史文化保护利用的主题策划。2009年，南通市被国务院公布为国家历史文化名城，濠河历史文化保护区作为核心地带，其保护和利用始终是名城工作的主要内容。

　　2010年，江苏省人民政府批准《南通历史文化名城保护规划（2009—2030年）》，同意规划提出的保护原则和目标任务；南通市历史城区保护范围明确为主城区、唐闸片区、天生港片区和狼山片区；划定濠南、西南营、寺街、唐闸四个历史文化街区，其中三个在濠河区域范围内。省政府要求南通市以保护规划为依据，制定完善政策措施，严格控制各类建设用地，重点保护好历史文化街区、天生港和新港镇两个历史地段、各级文物保护单位、历史建筑、古树名木、古井以及蓝印花布印染技艺、风筝制作技艺等非物质文化遗产,从整体上保持"一城三片""城河相依"的城市格局和传统风貌。

目前,南通市正更加细致地开展历史文化遗存调查,合理确定保护对象,明确保护要求,抓紧编制历史文化街区保护详细规划,严格依据规划保护历史文化遗存。正确处理历史文化保护与城市经济社会发展的关系,合理利用历史文化遗存,努力实现社会效益、环境效益和经济效益的统一。经过持续的规划修缮,濠河不但保留了原来的风貌,更提升了沿岸的文化旅游价值。在濠河周边那些保存尚好的街巷建筑身上,仍能寻找到千年以来南通先贤的建城智慧,特别是以张謇为代表的近代精英建设家乡的思想轨迹。这里不仅是宜居场所、创业基地,更是一个理想的文化空间。

三、文博馆群

作为我国博物馆事业的发祥地,博物馆文化是南通地域文化中最具影响、最具特色的内容之一。目前,南通市区共有文博场馆 21 家,被列入环濠河博物馆群成员单位的达 17 家,其中国家一级博物馆 1 家,国家三级博物馆 1 家,有文物藏品 100254 件(套),工作人员 281 人,其中专业技术及讲解人员 169 人。

早在上世纪末和本世纪初,南通就着手环濠河博物馆群的建设。深厚的文化积淀、秀丽的濠河风光、人文景观与自然景观相交融的特色,使环濠河博物馆群形成了自身的特色。

环濠河博物馆群中,冠以"国"字号的博物馆就有:中国珠算博物馆、中国审计博物馆、中国体育博物馆南通馆、中华眼科博物馆以及正在筹建中的中国慈善博物馆、中国环境博物馆。南通环濠河博物馆群的另一特色是国办和民营并举,个人投资兴建的有蓝印花布博物馆、风筝博物馆等。

环濠河博物馆群还代表了诸多南通的地域文化,自 1905 年第一座公共博物馆——南通博物苑诞生以来,南通结合地方行业特色于 1985 年创办了中国第一座纺织博物馆,1992 年创办了中国第一座给水博物馆。同时围绕长寿之乡、纺织之乡、体育之乡、建筑之乡等民间文化,先后建立起了长寿博物馆、蓝印花布艺术博物馆、体育博物馆、建筑博物馆等博物馆,彰显了地域特色。

南通博物苑始建于 1905 年,是中国人建立的第一座博物馆。博物苑建成之初占地 35 亩,藏品分天产、历史、美术、教育四部,主要陈列于南馆、北馆等展馆内,而大型文物标本则展示于室外。苑中广植花草树木、养殖珍禽鸟兽,与室内展品呼应,另有各种园林设施点缀其间,由此营造出一种高雅精致而又轻松闲适的氛围。1988 年南通博物苑被国务院公布为中国重点文物保护单位。经过发展,总占地面积扩展为 7 万多平方米,2005 由两院院士吴良镛教授担纲设计的新展馆启用,总建筑面积为 6330 平方米,全苑总有藏品四万余件,有诸多类别的文物被定为国家一、二级品,其中以越窑青瓷皮囊壶最为珍稀,被称为"镇苑之宝"。

中国南通珠算博物馆是由南通市人民政府和中国珠算协会共同兴建的,占地 30 亩,建筑面积 6000 平方米,现有馆藏珠算史料 4000 多册,珍贵算盘、算具 2000 多件。馆区由陈列展厅、学术报告厅、少儿珠算培训基地三部分组成,集收藏、展览、研究、教学、交流、旅游等功能于一体,是目前世界上最大的珠算专题博物馆。

纺织博物馆,1985 年 10 月正式开馆,坐落于濠河文峰古塔旁,占地面积 30 亩,建筑面积 7000 平方米,收藏文物资料 4000 余件,主要为纺织生产工具、手工产品、机制产品和图文资料,时间跨度从远古至现代,充分反映了南通作为民族轻纺工业发祥地丰富的纺织文化遗存。其室外复原陈列,形象而立体地展示了上世纪初南通的城乡棉业生产、土布销售,以及纺织工厂、纺科学校等风貌,其中近代纺织车间是目前全国仅有的反映近代纺织生产面貌的代表性文物。

个簃艺术馆,南临濠水,依偎文峰古塔,是为弘扬南通著名金石书画家、艺术教育家王个簃先生的艺术成就和爱国爱乡的奉献热情,于 1989 年建成的书画艺术馆。占地面积 2000 平方米,建筑面积 800 平方米,为二层仿古建筑群。馆内现藏有王个簃书画作品 220 件,诗稿、印谱、印章等遗物 30 余件,明、清及近代名家字画 54 件。

图 5-3　南通纺织博物馆

　　沈寿艺术馆,以现存的"南通县立女红传习所"教学楼为馆址,为纪念中国近代刺绣艺术大师沈寿于 1992 年正式对外开放。馆内陈列着沈寿先生的生平文字和历史照片;藏有沈寿和嫡传弟子珍贵的刺绣实物、沈绣几代传人在不同历史时期创作的刺绣艺术精品以及明清时期的民间刺绣藏品。近年来,沈寿艺术馆出品的《奥巴马总统全家福》、《比利时国王夫妇像》、《普京总统肖像》成为国礼赠送给他国元首。

　　张謇纪念馆,位于濠河北岸,设于张謇先生晚年的主要居所濠阳小筑内,2003 年正式开馆。南临濠河,与原东、西、南、北、中五公园隔水而望,占地面积 1860 平方米,建筑面积 1200 米,馆内设有张謇平生陈列等展览,旨在弘扬他爱国爱乡的思想及开拓进取的精神。

　　蓝印花布艺术馆,始建于 1997 年,是南通市第一家民营专业博物馆,位于濠东绿地的一角。馆藏明清以来实物及图片资料 1000 多件,保存着大量流失在民间的优秀制品,并在馆藏的基础上整理出版了《中国蓝印花布纹样大全》。全馆设五个展厅,展示了古今蓝印花布深厚的历史文化底蕴。

中国体育博物馆南通馆,位于南通西南濠河之滨,是中国地级市中首家"国"字号的体育博物馆。总建筑面积 24000 平方米,通过大量的图片、照片、文物等介绍了从 1840 年至今中国体育发展的历程。全馆包括主体展馆、主题广场以及全民健身房、室内游泳馆、水上娱乐馆等附属功能区。

南通城市博物馆,与南通博物苑一水之隔,2005 年正式开馆。由两院院士吴良镛先生设计,占地面积约 17000 万平方米,建筑总面积 13500 平方米,分为东西两馆,东馆为"近代第一城"展览馆,主要陈列"近代第一城"相关史料,西馆则为城市规划展示馆。

南通濠河博物馆,2012 年开馆,坐落于濠河之滨,展陈面积约 1200 平方米。有序厅、千年历史变迁、优良生态环境、丰厚人文景观、旅游观光胜地等五个展区,从历史人文、功能演变、疏浚保护、自然生态、旅游景观等方面,展现了濠河的历史文化内涵和南通古城深厚的文化遗存积淀。

除了博物馆,有众多市一级重点文化机构设立在濠河两岸。南通广播电视台、南通市图书馆、南通市文化馆、南通市劳动人民文化宫,南通市书法国画研究院、南通更俗剧场、南通艺术剧院、南通电视塔、南通盆景园、南通少年之家等。

南通市图书馆,前身是张謇先生创办的南通图书馆,建于 1912 年。馆内古籍藏书楼静海楼于 1983 年建成,目前有藏书 70 余万册,其中古籍 16 万册,不少为价值连城的珍稀善本。另一大特色是藏有地方文献,尤以张謇及其所创事业相关的资料十分丰富,吸引了大批中外学者前来查阅研究。

南通市文化馆,设立于 1949 年,它的前身是民国时期的民众教育馆。东临濠河。是旧时的孔庙,馆内尚存的大成殿始建于宋,现为明清建筑,是南通为数不多的古建筑之一。文庙内存有历代古碑 20 余方,具有较高的历史价值和文化价值。文庙庭院和东、西 20 间厢房开辟成了南通最具规模的古玩专业市场,成为濠河周边"文化与历史"交相辉映的新亮点,吸引了不少中外游客。

南通市劳动人民文化宫,始建于 1952 年,位于原北公园。总建筑面积约 5000 平方米,高 4 层。是新中国成立后,南通市区的第一座大型建筑,也是全国最早的一批文化宫之一。由全市人民募捐建成。底层为展览厅,二层为可容 400 人的交谊厅,三层为可容 840 人的大礼堂,四层为演职员宿舍及化妆室。

南通书法国画研究院,建于 1978 年,位于三元桥边,文峰塔下,所在地原为明代五福寺旧址。书画院为一仿古园林式建筑群,前后高低参差有致。院内藏有王个簃、高冠华、刘文西、方增先、袁运甫、范曾、袁运生、赵丹等多位名人的作品。

南通科技馆,建于 2001 年,位于青年路和姚港路路口,共三个楼层,3000 多平方米的展区被分为基础科学、信息科学等几个区域,200 多件互动展品,让观众在操作的过程中体会深奥的科学原理,是集科技演示、科技展览和科技培训三大功能于一体的社会公益机构,现已成为省级科普教育基地、省级环保教育基地、省级首批未成年人课外活动示范基地。

南通更俗剧院,重建于 2002 年,是一个综合性多功能的文化阵地。在张謇创办的更俗剧场原址重建,占地面积近 1.1 万平方米,总建筑面积约 1.3 万平方米。大厅宽敞舒适,剧院内有座位 1200 多个,设施齐全,设备先进,环境优雅。金色穹顶圆厅辟建梅欧阁纪念馆。

南通市中心美术馆,成立于 2008 年 5 月,位于南濠河之滨,利用了城南别业和上海银行旧址建筑,现代的大块面玻璃和钢结构与红砖碧瓦的近代建筑完美融合。展区面积 1400 平方米,馆内划分有主展区、艺术书店、阅览休息区、报告厅和办公区五大功能区域。

一座城市形象的形成和发展,离不开它的历史文化。环濠河文博馆群作为南通历史文化的继承者与发扬者,使南通的传统文脉与城市发展紧紧相扣,它的建设既是城市综合竞争力的体现,更是推动城市实现可持续发展的力量。2013 年,经省文化厅推荐、国家公共文化服务体系建设专家委员会评审,"环濠河博物馆群"入围创建"第一批国家公共文化服务体系示范项目"并获得成功,在全国 47 个项目中脱颖而出,晋升为 9 个优秀等级项目之一。

第三节　文明濠河厚德载物

一、濠滨夏夜

创办于上世纪 80 年代初的"濠滨夏夜",是一台由南通市民自编、自导、自演的特色广场文化活动,先后获得"江苏省职工文化品牌"、"全国首批特色文化广场"和"全国工会制造十大品牌"等多项荣誉,被海内外媒体称为中国群众广场文化"不死的奇迹"。

1980 年初夏,当濠河文化宫前搭起舞台、响起琴弦声时,南通"濠滨夏夜"成为炎炎烈日中吹来的一股凉风,沁透了观众的心脾。三十余年过去了,群众的精神生活日趋丰富多彩,然而"濠滨夏夜"却依然歌欢舞热、人声鼎沸,成为城市里一道别样的风景。尤其是当 2002 年文化广场落成,"濠滨夏夜"由原来的小天地走向了更为广阔的环西大舞台。由市委宣传部、市总工会、市文化局、市建设局联合主办,在环西文化广场每周六举办一场大型群众文化演出。

34 年来,这一由工会发起搭台、市民唱主角的"草根戏台"届届接力、代代相传,共举办了 1600 多场次演出,展示了 15000 多个节目,观众达 520 多万人次,市民人均在舞台下当过 7 次观众。"濠滨夏夜"为市民们提供了一道"色香味"俱全的"精神文化大餐",搭建了一个稳定社会、凝聚人心的"大舞台"。在"濠滨夏夜"的舞台上,吸引他们眼球的不仅仅是歌舞弹唱,而是那几十人同台、上百人参与的棋弈对决,那上百人同唱、几千人激情互动的大型歌会,那贴近生活、飘着炊烟茶香的烹饪、茶艺表演,那演绎生活真实的"模拟仲裁庭",所有能在舞台上表演和展现的形式,"濠滨夏夜"都大胆地搬来尝试,让群众品味。

"濠滨夏夜"不仅从形式上独辟蹊径,更从内容上多方面、多层次地反映和折射南通市民丰富多彩的精神世界。"小舞台,大世界",宣教、娱乐、求知,不同层次、不同需求的观众都能在这个精品的舞台上找到自己的精神寄托。2013年,"濠滨夏夜"喜获文化部第十六届群星奖。作为群众特色文化品牌之一的"濠滨夏夜"文化广场活动,与群众文化"百千万"工程、文化"江海行"、"千戏下基层,唱响新农村"、"高雅艺术进校园"、"艺术殿堂迎百姓"、"公共文化服务月"等公共文化服务品牌活动把先进文化送到千家万户,在广大市民中产生了巨大反响,也为南通整个社会良好道德风尚的形成起到了积极的作用。

图5-4　濠滨夏夜·亚洲艺术节演出

二、莫问我是谁

从1995年3月下旬开始,濠河两岸开始刮起了一阵"莫文隋"风,许多年过去了。"你要问我是谁,请莫问我是谁,风雨中我是一把伞,干渴时我是一杯水……"这首《莫问我是谁》依然在南通市的大街小巷广为传唱,而扶危济困不留名的"莫文隋"（莫问谁）们也依然活跃在这个城市的每个角落。

1995 年，遭遇家庭变故的南通工学院一女生突然收到 100 元汇款，汇款人叫"莫文隋"。留言栏里只几个字：生活补助费。此后每个月，她总会收到"莫文隋"寄来的 100 元生活费，直到大学毕业。其间，她按着汇款地址去寻找这位好心人，却发现这个地址并不存在。这位学生为了寻找帮助自己的好心人，按照汇款单上的地址到处打听，却没有着落。电视、报纸、电台等新闻媒体介入后，发动广大市民帮助寻找，却依然找不到"莫文隋"的真人所在。而"莫文隋"却在不断地变换着名字和不存在的通讯地址，继续着他（她）无偿的资助。

在人们急切地寻找"莫文隋"的时候，无意中却发现了南通市还有一些"莫文隋"式的好人。如资助困难学生的"卫英才"和"叶中恭"（疑为"一中共"的谐音）等；资助孤儿院的"吴铭"（疑为"无名"的谐音）；汇款给社会福利院的"魏群"（疑为"为群"的谐音）……这些人都在默默地帮助着别人，但没有一个愿意走出来被人们所认识；即使有人承认曾经资助过别人，却不是人们要找的人。"莫文隋"已经不是一个人，而是变成了一个不断发展壮大的"莫文隋"式的群体。他们中有的是党员干部，有的是普通群众，但都有一个共同的特点，就是做了好事始终不愿披露自己的姓名。

面对众多扶危济困不留名的"莫文隋"，南通市在 1997 年把 3 月 5 日学雷锋活动日定为学"莫文隋"日，倡导市民在这一天走上街头为民服务。据南通市慈善机构和希望工程办公室等单位不完全统计，在"莫文隋"出现后 3 年时间里，这些机构收到捐款近百万元，其中不留名的有 100 多笔。"江苏南通，水秀山灵，民风淳朴。而今，更有这丰腴的经济文化沃土孕育的新人、新事、新风令人称羡，其中影响最大的就是众人争相评说、效仿莫问谁。"①从 20 世纪 90 年代起，随着众多"莫文隋"式群体的出现，有温暖楼道的"钥匙奶奶"群体、关注未成年人成长的"知心奶奶"群体，还有并称慈善双雄的磨刀老人吴锦泉、修车老人胡汉生，捐出毕生积蓄的老党员宋英，身患绝症不忘奉献社会

---

①　《南通：群起效仿莫问谁》，《人民日报》1997 年 1 月 5 日。

的下岗女工田建凤,遵照父亲遗愿将 10 万元捐赠给慈善会的刘卫国兄妹,捐献造血干细胞救活安徽白血病患儿的闫蓟敏老师。

三、江海志愿者

1998 年 3 月 31 日,共青团南通市委联合江海晚报社和东洋之花化妆品公司共同创建江海志愿者服务站,整合共青团组织优势、媒体宣传优势和企业物质优势,将"学雷锋、做好事"活动与"自由、灵活、国际化"的志愿服务理念相结合,形成了"三位一体"的志愿服务发展模式。

江海志愿者服务站主要通过新闻媒体和热线电话向全社会公开双向招募有一技之长的志愿者,为社会弱势群体提供无偿服务。十多年来,服务站立足"凡人小事"给广大人民群众树立了一个看得见、摸得着、学得会的道德标杆。在南通,老百姓亲切地称之为"雷锋之家"、"不走的活雷锋"、"看得见的'莫文隋'"。正是这无数的"凡人善举",延伸和拓展了新形势下青年志愿者行动的内涵。江海志愿者的服务受到了社会的肯定和欢迎,多次受到中央、省、市的表彰。志愿者服务站成为第六届"中国十大杰出青年志愿服务集体",站长徐尔铸则先后获得中国志愿者服务金奖、全国道德模范提名奖、全省道德模范称号;孙晔、魏迎凤、陆善洪等优秀志愿者也受到国家级表彰。2004 年 10 月,时任江苏省委书记李源潮同志对江海志愿者事迹作出批示,将之称为"江苏精神文明建设的一个伟大创造";2005 年 6 月,中央政治局委员、中央书记处书记、中宣部部长刘云山在通考察时,专程看望了江海志愿者,盛赞江海志愿者等精神文明建设典型具有全国示范效应。

2005 年 4 月 26 日,万名江海志愿者"青春手拉手、拥抱母亲河"志愿环保活动,号召大家加入环保志愿者的行列,共同保护好城市的生命线。当天,11880 名江海志愿者手拉手环绕南通的母亲河——濠河,倡导大家同创生态城市,共建绿色家园;同时,位于市区环西文化广场上的 4000 余名志愿者用人浪搭成"和谐南通"的字母造型。此次行动规模大,影响深,在广大青少年中产生了强烈的反响,取得了良好的社会效益,上海大世界基尼斯总部宣布创纪录成功并颁发证书。

目前,南通市已形成以江海志愿者协会为龙头,江海志愿者社区服务站为支撑,多个县(市)级协会为基础的志愿服务组织网络。志愿者中年龄最大的已 82 岁,年龄最小的仅 7 岁。志愿者人数从最初的 34 人发展到现在的 13.6 万人,已经发展成为拥有 1 个总站、11 个社区分站、4 个专业分站、1 个省外分站(江海志愿者绵竹分站)和 400 多支服务(总)队的志愿服务网络。多年来,江海志愿者服务站共接待来电、来访 20000 人次,提供上门服务 3 万多人次,开展较大规模的广场服务活动 600 多次,结成了 1000 多个"一助一"长期服务对子。

2006 年 3 月 5 日,占地面积 150 多平方米,记录南通江海志愿者成长历程的江海志愿者展示馆对外开,江海志愿者展示馆接待了省内外一批又一批的参观团,为广大青少年和市民进一步了解江海志愿者、加入江海志愿者队伍提供了一个新平台。对于这座志愿者展示馆,已经过世的徐尔铸曾经作为江海志愿者服务站站长,十多年来接待了全国各地无数个参观团。2008 年 8 月,为了更好地彰显中国志愿者的魅力和风采,充分展现中国志愿者的成长轨迹和品牌形象,吸引更多的人加入志愿者行列,南通市决定在原江海志愿者展示馆的基础上,筹建"江苏志愿者展示馆"。《征集志愿者相关资料的公告》一经发布,江苏志愿者展示馆的筹建工作立即受到社会各界的普遍关注和热烈响应。江苏全省各地志愿者的图片,衣帽、奖牌、证书、光碟、徽章等实物资料纷纷汇向南通。目前,江苏志愿者展示馆占地 400 平方米,展品共有江苏全省 13 个地级市志愿者活动的 500 多张图片和近 200 件实物,生动展示了全省志愿者的风采。

四、"南通现象"

发生在濠河边的凡人善举,虽然没有轰轰烈烈,但植根于社会的最基层,却有着顽强的生命力。平凡人总是社会的绝大多数,当善举成为寻常事,这个城市便不寻常。专家、领导和媒体把南通出现的众多感人善举,群起仿效,到感召仿效全国称之为精神文明建设"南通现象"。2003 年 5 月,精神文明"南通现象"作为唯一的地方性大事,入选"全国精神文明建设十件大事"。在全国以一个中等城市名字来命名的精神文明"现象"并不多见。"南通现象"是社会对南通人民在公民道德建设取得成绩的肯定和称誉。精神文明"南通现象"从此享誉全国,连续在党的十六大、十七大前被中宣部确定为全国公民道德建设先进典型和全国创建文明城市工作重大典型集中宣传报道。2004年南通成功举办首届中国公民道德论坛;2005 年创建文明城市实现"满堂红",成为全省江北第一个文明城市群;2008 年下半年,南通先后接受全国文明城市省级和中央测评,取得优异成绩,最终在各省推选出的近 50 个城市中脱颖而出,成功迈入全国文明城市行列。

南通重视公民道德建设,注重研究探索小人物善行的特点和规律,鼓励民众自觉参与,以民众广泛参与为主线,在民众参与的启动、方式、途径、保证等方面开展系列工作,使个人自觉参与的凡人善举构成精神文明建设"南通现象"的核心内容。有专家这样评价"南通现象"——社会主义核心价值的体现,必须通过"以身载道"的人,而南通涌现出来的众多典型体现了普通人对社会主义核心价值的理解和实践。

"我们也许做不了伟大的事业,但我们会用我们的凡人善举创造伟大的爱!"①南通市抓住了这些老百姓身边的典型,以典型示范普及核心价值理念,以群体效应提升城市文明程度。这些典型不局限于一个人,而是由一个典型拓展到一批人、一群人;不是来自于一个部门、一条战线,而是来自于社会的各个层面、各行各业;不是存在于一个时段,而是持之以恒、坚持多年。在历年南通涌现的四百多个精神文明典型中,90%以上是普通市民。通过凡人善举自我教化,使文明创建、和谐社会有了坚实的群众基础,形成良好社会氛围。众人拾柴火焰高,积聚小善成大德,凡人善举犹如涓涓细流汇入濠河,终于造就了一种不平凡的美,最终成为体现着核心价值体系丰富内涵的震撼人心的重大典型,成为一种主流的社会生活风尚与价值取舍,一种体现着民族

①　《风景这边独好——精神文明"南通现象"报道》,《工人日报》2007 年 8 月 30 日。

精神和时代精神的城市文化。

因为先进可亲、可敬、可信、可学,因为事迹具有吸引力、感染力、说服力和亲和力,所以,典型真正立得住、叫得响、学得来、推得开——这正是"南通现象"日久弥新、日久弥坚、日久弥深的根本原因。上善若水,厚德方能载物。和谐社会,人人共享;文明创建,人人有责。共享共建,乃是精神文明建设的科学内涵,又正是精神文明建设"南通现象"所揭示的深刻要义。① 如今精神文明已经成为濠河文化的核心内容。

第四节　濠河文化走向未来

一、开放的盛宴

1984 年 4 月 7 日,中央人民广播电台播发了中共中央、国务院的决定,南通正式成为 14 个全国首批沿海开放城市之一。从此,濠河之滨汇聚了一次次地域文化对外展示的博览盛会,濠河凝聚了南通风采,围绕着古濠河,南通打造出了一张又一张亮眼的城市名片。

南通民间艺术节曾经是南通民间文化的盛宴,1987 年起共举办四届。第一届民间艺术节活动涵盖了民间文艺会演、民间服饰表演、民间工艺美术展览、民俗风情展览、书法绘画精品展览、南通名胜古迹游等各项活动,而沿濠河边举行文艺彩车行街表演成为了艺术节开幕式的重头戏,第一次以动态方式集中充分展示南通的文化整体形象,吸引广大市民群众的积极参与,濠河周边万人空巷,南通文化盛况空前。1990 年举办第二届,在特定时期让许多外宾亲身感受到当时中国社会的稳定和经济发展的潜力,为南通吸引外资、对外开放起到不可替代的作用。民间艺术节以"以文会友、以艺为媒、文贸结合、振兴经济"为目的,充分挖掘地方文化底蕴,利用最有有代表性的地方艺

---

① 《构筑崇善尚德的"精神生态"》,《新华日报》2007 年 8 月 13 日。

术形式和文化资源,以独特的艺术魅力吸引世人的眼球。

中国第一馆——南通博物苑就是其中最耀眼的一张。"濠南苑囿郁璘彬,风物骈骈与岁新",2005 年 9 月 24 日至 25 日,南通博物苑百年暨中国博物馆事业发展百年纪念大会在南通召开,中国博物馆事业发展百年展暨南通博物苑新馆的开馆仪式同时举行,盛装的南通博物苑处处一片生机。来自联合国教科文组织、国际博物馆协会以及国内外的文博、文化界人士及国际相关机构的代表 300 余人出席了盛会。

随着南通文化、经济的发展,越来越多的高规格文化盛会落户南通。2006 年举办的江苏省第十六届运动会开幕式暨大型文艺表演,博得各级领导、广大群众和各业人士好评。2007 年举办国家级区域性国际艺术节——第九届亚洲艺术节,倾心打造"艺术的盛会、人民的节日",圆满完成文化外交的重要使命,四海宾朋共襄盛举,文化南通尽现辉煌。迎奥运火炬接力以及港口经济洽谈会、江海国际博览会等经济、文化互动共荣的大型活动,为城市的开放发展创造了历史性的机遇,不仅解读了南通文化的超凡魅力,也展示了一个对外开放城市的文化软实力。

二、南通精神

南通乃是崇川福地,濠河自古人文荟萃,然而身在其间的南通人,有时又难免做井底之蛙、夜郎自大。如何挖掘这座城市的精髓,锻造南通人文化性格中的亮点? 2005 年,一次新时期南通精神大讨论在广大市民中展开。

这场大讨论从当年 5 月开始,历时 8 个月,遍及社会各个层面,参与者达百万之众,成为改革开放以来,南通参与人数最多、讨论最热烈、最具成效的群众性主题教育活动。广大市民自觉将大讨论活动作为自我教育、勇于实践、推进工作的有效载体,策划、组织了一系列丰富多彩、卓有成效的讨论活动。南通同时又开展了"南通精神"表述语征集活动。通过对近 4000 条表述用语的收集筛选和提炼整合,并通过问卷调查,广泛征求市民的意见,经过反复斟酌、严谨论证,南通精神的表述用语最终确定为:"包容会通,敢为人先。"

2005 年 12 月 22 日,大讨论总结大会在南通更俗剧院举行。时任南通市委书记的罗一民同志阐述了南通精神的内涵。他说,"包容会通"这四个字概括了南通人的胸襟气度和生存发展的智慧;"敢为人先"则是南通兴旺发达之血脉,它一头承接着历史,一头通向美好的未来。

"包容会通、敢为人先",争创一流业绩的南通城市文化性格和城市精神,为改革开放以来尤其是进入新世纪近 10 余年采南通全面腾飞和实现跨越发展提供了精神动力、智力支持、道德规范、舆论环境,并内化积淀在社会主体的心理文化结构中,转化成人们的思想观念、价值取向、思维方法和行为方式,成为影响、促进和支撑社会进步的文化力。

三、城市的魅力

今天的南通城市的发展规模与以往已不可同日而语。按照国务院 2009 年通过的《江苏沿海地区发展规划》,南通将以建设长三角北翼经济中心为目标,加快中心城市建设,强化在区域发展中的辐射带动作用,到 2020 年南通将建成经济实力较强的特大城市。十多年来,南通新城区的开辟,苏通、锡通产业园区设立,通州区的并入,到近年的滨海园区的成立,南通正呈现多中心发展的态势,而这正是世界的特大型城市空间演化的基本规律。在南通向特大型城市过渡的今天,发展规划确定的是"一核三片区"互动并进的特大型城市发展格局。这"一核"以崇川区为城市主体的核心区,濠河仍然无可替代地成为"核心之心"。

在今天快速推进城市化进程中,我国大部分城市的形态和空间结构正发生着巨大的变化,城市面貌和人居环境得到了较大改善。但是,由于经济"全球化"和"国际式建筑"形态的强烈冲击,我国城市总体风貌上却呈现出一种"千城一面"均质化发展的态势,具有地域特色或历史传承的城市特征逐渐退色、模糊,建筑、地段、空间的意义越来越不明确,出现日趋严峻的个性危机,城市文脉断裂,市民集体失忆。一批又一批冷漠平庸的畸形建筑、巨型广场和生造的景观正杂乱无章地拼凑在一起,争抢着城市的"标志性"。

　　在这样的一个时代,作为濠河的子民不能不庆幸,在城市的核心区,濠河依然在静静地流淌,千年如一日拥抱呵护着这个城市。如今,濠河历史上曾经担负的城防、供水、排污、航运、灌溉的重任已逐步卸下,其生态、文化功能正以全新的方式继续默默奉献于南通人民。濠河文化的千年底蕴我们已经有了深切的体会,濠河文化的当代意义和未来价值我们不断有新的感悟。

　　濠河是宜居南通的生态空间。濠河维护和改善着南通的人居环境,它不仅是生物多样性载体,更是城市生活中景观多样性载体。濠河的自然形态与密集的钢筋水泥、人流车流构成的现代城市景观形成了剧烈的反差。濠河蜿蜒绵长、清静流动的水体,构成了多样的环境与景观空间,满足着南通市民逃避喧嚣、亲近与回归自然的心理。"阴落窗中千顷绿,天藏涧底一痕青。"濠河旅游休憩、闲逸放松、愉悦身心的价值在现代城市生活中尤为珍贵。

　　濠河是南通文化的核心载体。它维护着南通千年不变独特的城市空间结构和形态,承载这里的千秋韵事、古今风流。"东寺晚风西寺雨"、"楼阁参差胜迹留",它所拥有的江风海韵、濠河风情,它所形成的历史遗迹、建筑风景,是研究南通城市历史文化发展的重要例证,它沟通着南通的过去、现在和未来。它既折射出南通的传统文化、人文精神,又为南通城市特色的营造提供了历史参照,使人们不知不觉地体察到城市品格的渊源及与现实的联系,增强他们对自身文化背景的自信,也让这个地域的文化得以延续和发展。

　　濠河是南通市民的情感归宿。对于每个曾经生活在濠河边的人来说,在与濠河的亲密接触中都会形成某种体验,随着时间的推移而成为记忆。正所谓"一自思亲人不见,楼头古柏已斜阳"。濠河拥有一个稳定、延续的文化生态系统,它的水体桥梁、鱼鸟花木、古迹景观以及方言、习俗、乡邻、亲情诗文、技艺等物质与非物质形态文化意象,时时唤起市民的乡土归属感和文化认同感,帮助现代人群摆脱普遍存在的茫然无绪的文化失忆。

　　濠河是城市创意的灵感之源。南通的文化灵魂是濠河,一千多年来濠河不断激发着南通人民的智慧与创造力。今天,濠河区域仍然是南通的文教、传播、信息、金融、商贸、医疗、旅游等现代社会资源运行系统最为集中的区域。濠河丰富灵动的文化底蕴与现代产业的融合,将化为艺术设计、文化创意、科技开发的无穷动力，一个智慧城市、创意城市将在传统与现代的交融中显现出来。

濠河是现代城市的特色与标识。濠河是南通城市意象的大展台，在各地古城护城河消失殆尽的当今，濠河对南通的价值尤为珍贵。它使南通形成与众不同的独特城市形象，具有强烈的可识别性。濠河与长江、黄海、五山等一起共同组成了南通独特的地方风貌和形象标识体，构成了城市魅力基本元素。越来越多的外地游客来南通，寻求濠河这一国内少有的旧城水系的宁静与幽美，探求近代工业和文化教育的起源、发展。游濠河、识南通，濠河文化是南通文化基本的底色，是南通当之无愧的城市名片。

古希腊哲学之父泰勒斯说过："水生万物，万物复归于水。"无边的黄海，恢宏的长江，繁密的水泊，古老的濠河……如此水天造化千百年来养育了勤劳的濠河儿女，给千年的通城注入了不竭动力。濠河见证了古代南通盐棉兴邑，见证了近代南通工业肇始。从江中小洲到崇川福地再到堪称近代第一城，濠河，无不如诗如画如歌如梦在南通人民的心头萦绕，寄托着他们绵长悠远的记忆和对未来的美好愿景。今天，传承于千年的濠河文化，脱胎于近代模范县城，一个现代气派与历史文化交相辉映的长三角北翼经济中心南通正在迅速崛起！

参考文献

[1]（宋）司马光.资治通鉴[M].上海：上海古籍出版社,1987.

[2]（宋）王象之.舆地纪胜[M].清道光年刊文选楼影宋钞本,北京：中华书局,1992.

[3]（宋）乐史.太平寰宇记[M].光绪八年（1882年）金陵刻本.

[4]（明）邵潜.州乘资[M].明弘光乙酉刻本,1985年影印.

[5]（清）顾祖禹.读史方舆纪要[M].上海：上海图书集成局,1901.

[6]（清）钟汪,等.通州志[M].上海：上海书店,1990.

[7]（清）林云程,等.通州志[M].上海：上海古籍书店,1963.

[8]（清）夏之蓉,等.直隶通州志[M].清乾隆二十年（1755年）刻本.

[9]（清）梁悦馨,等.通州直隶州志[M].光绪元年（1991年）刻本.

[10]（清）杨受廷,等.如皋县志[M].嘉庆十三年（1808年）刻本.

[11]（清）刘文彻,等.海门厅图志[M].光绪二十六年（1900年）刻本.

[12]（清）汪巢.州乘一览[M].南通文献征集会,1940年（铅印本）.

[13]（清）杨延撰,等辑.崇川咫闻录[M].南通市图书馆复印清道光刻本.

[14]南通市地方志编纂委员会编.南通市志[M].上,中,下.上海：上海社会科学院出版社,2000.

[15]南通市教育局.南通教育志[M].北京：新华出版社,2001.

[16]南通益友社.南通实业、教育、慈善、风景,附参观指南[M].上海：商务印书馆,1920.

[17]通海新报[M].1922－7月、8月,南通市图书馆电子版.

[18]陈翰珍.二十年来之南通[M].南通县自治会印行,1938.

[19] [日]驹井德三.日本驹井德三的张謇关系事业调查报告书[M].政协南通市委员会文史资料研究委员会,1963.

[20] 邱丰.南通地方书画人名录[M].南通市文学艺术界联合会,1980.

[21] 同济大学城市规划教研室.中国城市建设史[M].北京:中国建筑工业出版社,1982.

[22] 林举百.近代南通土布史[M].南京:南京大学学报编辑部,1984.

[23] 管劲丞.南通历史札记[M].南通博物苑、南通市图书馆编印,1985.

[24] 编写组.大生系统企业史[M].南京:江苏古籍出版社,1990.

[25] 南通市文联戏剧资料整理组.京剧改革的先驱[M].南京:江苏人民出版社,1992.

[26] 张兰馨.张謇教育思想研究[M].沈阳:辽宁教育出版社,1995.

[27] 政协南通市崇川区委员会、南通市国土规划局、《崇川文史》编委会编.崇川文史[M].第二辑.1995.

[28] 圆仁.入唐求法巡礼行记[M].上海:上海古籍出版社,1986.

[29] 曹从坡,杨桐,等主编.张謇全集[M].第四卷.南京:江苏古籍出版社,1994.

[30] 季光编注.崇川竹枝词[M].南京:《江苏文史资料》编辑部,1996.

[31] 穆烜.古代南通简史[J].《江海纵横》1997(1—6).

[32] 南通市水利志[M].合肥:黄山书社,1998.

[33] 张绪武,梅绍武.张謇与梅兰芳[M].北京:中华工商联合出版社,1999.

[34] 《江苏文史资料》编辑部.文海昌光——南通文化名人[M].(一).1999.

[35] 杨问春,等.江海风情[M].北京:大众文艺出版社,1999.

[36] 章开沅.张謇传[M].北京:中华工商联合出版社,2000.

[37] 徐冬昌.徐冬昌文集[M].南通博物苑,南通市文联,2001.

[38] 莫闲.南通诗词选注[M].2001.

[39] 张松林,等.历代文人咏南通[M].合肥:黄山书社,2002.

[40] 赵鹏.漫步博物苑[M].南通博物苑编印,2002.

[41] 金沧江研究所编.中韩文化交流的友好使者[M].2002.

[42] [韩]吴允熙.沧江金泽荣研究[M].上海：华中师范大学出版社,2002.

[43] 黄毓任,等.南通历史文化概观[M].北京：新华出版社,2003.

[44] 黄振平.张謇的文化自觉[M].西安：陕西人民出版社,2003.

[45] 张謇研究中心、南通博物苑.南通地方自治十九年之成绩[M].2003.

[46] 黄振平.南通中国近代第一城研究文集[M].南通市文化局,2003.

[47] 张绪武.张謇[M].北京：中华工商联合出版社,2004.

[48] 南通市政协学习、文史委员会.南通掌故[M].2004.

[49] 管劲臣.江淮集[M].南通市文学艺术界联合会,2004.

[50] 范曾.南通范氏诗文世家[M].第 1 册.石家庄：河北教育出版社,2004.

[51] 黄振平.南通环濠河文博馆群[M].太原：山西人民出版社,2005.

[52] 于海漪.南通近代城市规划与建设[M].北京：中国建筑工业出版社,2005.

[53] 吴良镛,等.张謇与南通"中国近代第一城"[M].北京：中国建筑工业出版社,2006.

[54] 钦鸿.濠南集——南通现代文坛漫笔[M].北京：文化艺术出版社,2006.

[55] 徐海萍.回碧楼文谭[M].南通市文学艺术界联合会,2006.

[56] 黄振平.江海文明之光[M].成都：四川出版集团、四川人民出版社,2006.

[57] 丰坤武.南通文化研究[M].南京：南京大学出版社,2010.

[58] 陈金渊.南通成陆[M].苏州：苏州大学出版社,2010.

[59] 穆烜.亦畅居集续编[M].南通博物苑编印,2010.

[60] 张廷栖,孟村.张謇[M].苏州：苏州大学出版社,2010.

[61] 施宁.寺街[M].苏州：苏州大学出版社,2010.

［62］张謇研究中心编.张謇研究年刊（1926—2001）［J］.2011.

［63］严晓星.梅庵琴人传［M］.北京：中华书局，2011.

［64］孙模.读雪斋文选［M］.南通市文学艺术界联合会，2011.

［65］陈亮.南通市图书馆志［M］.上海：上海古籍出版社，2012.

［66］南通市档案局.西方人眼中的民国南通［M］.济南：山东画报出版社，2012.

［67］王宇明.衣胞之地［M］.南京：江苏文艺出版社，2012.

［68］姜平.南通土布［M］.苏州：苏州大学出版社，2012.

［69］编委会.南通［M］.北京：当代中国出版社，2013.

［70］李明勋，尤世玮.张謇全集［M］.上海：上海辞书出版社，2013.

［71］张謇研究中心课题组.南通市历史名人调查［M］.2013.

［72］南通市人民政府新闻办公室.江海南通［M］.2013.

后记

为深入贯彻落实党的十八大和十八届三中、四中、五中全会精神,习近平总书记系列重要讲话精神,特别是视察江苏重要讲话精神,推动江苏文化建设迈上新台阶,由省社科联牵头,各省辖市社科联组织联系相关专家学者,历时近两年,编撰《江苏地方文化名片丛书》。丛书以省辖市为单位,共分13卷,每卷重点推出该市一张具有代表性的文化名片,全面阐述其历史起源、发展沿革、主要内容和当代价值等,对于传承江苏地方文化精粹,打造江苏地方文化品牌,塑造江苏地方文化形象,具有积极的推动作用。

省委常委、宣传部部长王燕文高度重视丛书的编撰工作,担任丛书编委会主任,给予关心指导,并专门作序。省委宣传部副部长双传学,省社科联党组书记、常务副主席刘德海,党组副书记、副主席汪兴国,党组成员、副主席徐之顺担任编委会副主任。各市市委常委、宣传部部长和省委宣传部理论处处长李扬担任编委会委员。刘德海担任丛书主编,全面负责丛书编撰统筹工作,汪兴国、徐之顺担任丛书副主编,分别审阅部分书稿。省社科联研究室原主任崔建军担任丛书执行主编,具体负责框架提纲拟定和统稿工作。陈书录、安宇、王健、徐宗文、徐毅、朱存明、章俊弟、尹楚兵、纪玲妹、许建中、胡晓明、付涤修、常康参与丛书统稿。省社科联研究室副主任刘西忠,工作人员朱建波、李启旺、孙煜、陈朝斌、刘双双等在丛书编撰中做了大量工作。

《南通濠河文化》卷由中共南通市委书记丁大卫作序,南通市委常委、宣传部部长章树山担任主编,徐爱民、李军、赵明远任副主编,南通市社科联组织专家编写。具体分工:赵明远(前言、第四章第5节),陈炅(第一章),凌振荣(第二章),张炽康(第三章),倪怡中(第四章第1-4节),徐宁(第五章);徐宁、赵明远分别对第三、四章的部分内容进行了改写,张炽康、赵明远为各章节配图;由赵明远、徐宁统稿。

省新闻出版广电局、各市委宣传部、市社科联对丛书的编辑出版工作给予了大力支持。值此,谨向各有关部门、专家学者和南京大学出版社表示衷心的感谢! 由于时间较紧,编撰工作难免疏漏,恳请批评指正。

2015 年 12 月